에밀

ÉMILE, OU DE L'ÉDUCATION

에밀

ÉMILE, OU DE L'ÉDUCATION

장자크 루소 지음

·

황성원 · 고봉만 옮김

책세상

일러두기

1. 이 책은 장자크 루소 Jean-Jacques Rousseau의 《에밀 또는 교육론 Émile ou de l'éducation》 가운데 머리말과 제1권을 우리말로 옮긴 것이다.

2. 번역 대본으로는 Jean-Jacques Rousseau, *Œuvres complètes*, tome IV(Paris: Gallimard, (Bibliothèque de la Pléiade), 1959)를 사용했다.

3 루소의 주석은 '저자 주'라고 표기했다. 그 외의 주는 옮긴이 주다.

에밀 | 차례

《에밀 또는 교육론Émile ou de l'éducation》은 장자크 루소(1712~1778)가 자신의 저서 중 가장 훌륭하고 가장 중요하다고 꼽은 작품이다. 그는 이 작품을 쓰기까지 "20년의 성찰과 3년의 작업"[1]을 거쳐야 했다고 말한다. 실제로 루소는 1740년에 리옹에서 가정교사로 일하면서 교육의 문제에 대해 깊이 생각했고, 그로부터 20년 후인 1760년에 1천 쪽에 달하는 원고를 탈고한다.

루소가 《에밀》을 자신의 저서 중 "가장 훌륭하고 가장 중요"하다고 여긴 이유는 무엇일까? 그는 말년의 작품인 《루소, 장자크를 심판하다Rousseau juge de Jean-Jacques》에서 자신의 사상 체계의 근본 원리를 다시 드러내 밝히면서 《에밀》에 대해 다음과 같이 말한다. "나는 《인간 불평등 기원론》을 통해 자연은 인간을 행복하고 선하게 만든 반면 사회가 그를 타락시키고 불행하게 만들었다는 장자크의 위대한 원칙을 발견할 수 있었다. 《에밀》은 널리 읽히면서도 별로 이해되지 못하고 고약하게 평가받고 있는 책이지만, 특히 이 책은 인간의 원초적 선함에 대한 논문이며, 인간 본연의 모습에 맞지 않는 악과 오류가 어떻게 인간의 외부에서 들어와 그를 슬그머니 변화시키는지 그려낸다."[2]

　루소는 자신의 모든 저서에 들어 있는 근본 원리가《에밀》에 가장 잘 드러난다고 생각했다. 그 원리란 바로 "인간은 본원적으로 선하다"라는 것이다. 그는 자신의 책이 신이 처음 만든 아담처럼 마음이 순수한 사람을 위한 것이라고 말한다.[3] 인간이 선하게 창조되었다는 루소의 주장은 당시 사회에 통용되던 기독교적 원죄설에 정면으로 대립하는 것이어서, 이로 인해 루소는 수난을 겪게 된다.

　1762년 8월, 파리 대주교인 크리스토프 드 보몽은《에밀》의 교육 원칙이 유해하다는 공식 성명을 발표한다. 그 전에는 소르본대학교 신학부가 신앙과 풍속을 해친다는 이유를 들어 정식으로 이 책을 불태워버리라고 명령하기도 했다. 결국《에밀》은 판매 금지되었고, 루소에게는 구속영장이 발부되었다. 루소는 체포를 피하기 위해 고향인 제네바로 향했으나 그곳에서도 사정은 마찬가지였다. 1766년 1월에 영국으로 피신하기까지 약 4년간《에밀》을 둘러싼 논란은 계속되었다. 이로 인해 루소 자신도 정신적으로 심한 압박에 시달리며 박해에 따른 강박증을 갖기도 했다. 또한 루소는 정규교육을 받은 적이 없고 테레즈와의 사이에서 낳은 아이들을

모두 보육원에 보냈기 때문에 교육론을 쓸 자격이 없다는 비난이 쏟아졌다.[4]

압수와 소각, 비난과 논란에도 불구하고, 어쩌면 바로 그점 때문에 루소의 책은 아주 큰 성공을 거두었다. 맥이천J. A. McEachern이 집계한 바에 따르면 1762년에서 1800년까지 《에밀》은 해적판과 번역본을 포함하여 60여 판版이 나왔다. 《에밀》에서 소개된 방식대로 아이들(대부분은 남자아이들)을 키우려는 시도가 셀 수 없이 이루어졌다. 전류와 자기장의 관계를 나타내는 '앙페르의 법칙'을 발견한 프랑스 물리학자 앙페르André-Marie Ampère(1775~1836)와 베네수엘라의 독립 혁명 지도자 볼리바르Simón Bolívar(1783~1830)도 루소의 책에 쓰인 대로 키워졌다.[5]

후대의 많은 인물이 《에밀》의 사상에 흠뻑 빠져들었다. 평생 시계처럼 날마다 같은 시각에 같은 장소를 산책하던 칸트가 딱 한 번 산책을 거른 적이 있었는데, 그날이 바로 《에밀》을 읽던 날이었다고 한다. 괴테는 "호주머니에는 언제나 호메로스를, 그리고 머리에는 언제나 《에밀》에 대한 생각을 담고 있었다"라고 말할 정도였다. 나폴레옹 또한 자신의 진중문고에 《에밀》을 꼭 챙겨 다녔다고 한다.

《에밀》은 "조물주의 손에서 나온 모든 것은 더할 나위 없이 온전한 반면, 인간의 손에 들어오면서 속수무책 나빠진다"라는 유명한 문장으로 시작된다. 자연은 본디 인간을 행복하고 선하게 만들었으나 사회가 그를 타락시키고 불행하게 만들었다는 것이다. 루소가 여러 번 강조하듯, 인간은 선하지만 인간들은 악하다. 우리의 눈앞에 있는 인간들은 타락했고, 동시에 불행하다. 이러한 결과는 자연 상태에서 사회 상태로 변화하는 과정에서 나타난다. 그리고 이런 끔찍한 결과를 초래한 것은 제도와 사회질서, 한마디로 말해서 사회다.

먼 옛날 선한 본성을 유지했던 원시의 인류에게는 사실 교육자가 필요 없었다. 자연 자체가 가장 훌륭한 교육자였기 때문이다. 그러나 문명이 발전하면서 사회는 부패하고 도덕은 붕괴했다. 인간은 본성을 망각한 채 사이비 교육자에 의해 길러졌고 타락의 나락에서 더 이상 벗어날 수 없게 되었다. 루소는 이런 인식하에 인간이 본원적으로 지닌 자연적 선함을 어떻게 하면 참된 교육으로 회복하고 유지할 수 있을지를 논의했던 것이다.

루소가 《에밀》을 쓸 당시 프랑스의 교육 상황은 어떠했을까? 앙시앵레짐(구체제) 말기의 프랑스 교육은 주로 예수회가 운영하는 콜레주collège[6]나 수녀원에서 행해졌다. 대체로 귀족들만 교육의 혜택을 누릴 뿐 서민들은 교육받을 기회를 거의 얻지 못했다. 이렇듯 종교적 색채가 강한 교육기관에서 아이들은 모질고 혹독한 규율과 훈육에 시달렸으며, 기숙사 생활은 감금이나 마찬가지였다. 그런 교육기관들에서 아이들은 체벌의 공포에 시달리며 규율에 복종하는 인간으로 길러졌다. 당시의 교육기관들은 어른들의 욕구를 반영하는 일이나 그 욕구의 양적 팽창에만 집중할 뿐 정작 교육의 대상인 어린이에게는 소홀했다.

루소는 당시의 공공 교육에 비판적이었을 뿐만 아니라 개인 교육이나 가정 교육에 대해서도 회의적이었다. "불행히도 오늘날의 대도시에는 가정 교육이 사라진 지 오래다. 그곳에서는 사교계가 너무 일반화되고 마구 얽혀 있어 몸을 피해 지낼 만한 곳이 없으며, 심지어 가정에서조차 공적公的인 생활을 하고 있다. 많은 사람들과 함께 살다 보니 가족이라는 것은 없어지고 부모 얼굴을 알아보기 힘들다. 자식은 부모를 마치 낯선 사람처럼 바라본다."[7]

루소는 가족과 가정이 해체되고 있다고 판단했다. 부모들은 일과 사회적 지위, 휴식에만 힘을 쏟을 뿐 아이들을 위해 시간과 노력을 기울이는 것에 소홀했다. 귀족들은 자신의 인생을 향유하기 위해 부모의 의무마저 게을리한 채 유모와 가정교사 그리고 콜레주의 선생들로 자신들의 부재를 메웠다. 루소는 돈으로 고용한 선생에 대하여 "선생님maître이 아니라 고용인valet이다. 그는 머지않아 그대의 아들을 제2의 고용인으로 길러낼 것이다"(E, 263)라고 말한다.

루소는 권위를 필수적으로 사용하도록 하는 고전적 교육의 방법들을 단호하게 비판한다. 아울러 교육에서 체벌과 훈계를 엄격하게 금한다. 어른의 논리로 아이를 나무라 봐야

아이는 그 꾸지람의 의미를 알지 못한다. 선생의 역할은 가르침에 있는 게 아니라 아이 스스로 자기 행동의 의미를 파악하고 판단력을 형성해가도록 도와주는 데 있다. 루소는 교육자에게 순종, 의무, 책임과 같은 단어를 추방하고, 어설픈 이론을 제시하거나 지시하는 일을 그만두라고 경고한다.

"젊은 선생이여, 나는 그대에게 한 가지 어려운 기술을 간곡히 권한다. 그것은 훈계하지 않고 지도하는 일이며, 아무것도 하지 않고 모든 것을 다 하는 일이다."(E. 362) 그리고 학생을 위해 교육자에게 다음과 같이 요구한다. "그를 자유롭게 혼자 내버려두어라. 아무 말도 하지 말고 그가 무엇을 하는지 그저 바라보라. 그리고 그가 무슨 일을 하고 어떻게 처신하는지를 관찰하라."(E. 422)

로크John Lock (1632~1704)는 어린이를 다른 사람의 이성에 순종하게 함으로써 어린이가 자신의 이성을 따를 수 있도록 해야 한다고 했다.[8] 그러나 루소는 어린아이의 능력과 관계없이 아이를 이성으로 다루려는 것 자체가 어리석은 일이라고 생각했다. 루소는 "선과 악을 아는 것, 인간의 의무를 왜 지켜야 하는지를 아는 것 등은 아이의 능력 밖의 일이다"(E. 318)라고 하면서 어린이에게는 그들 고유의 가치가 있고 그 가치에 따라 활동하면서 어린이로서의 삶이 완성된다고 주장한다. 따라서 먼저 아이에 대해 알아야 하고, 이것이 가장 중요한 일이라고 강조한다.

고대 그리스의 영향을 받은 전통 교육은 전적으로 성인 남성을 양성하는 데 주력했다.[9] 어린이는 어른 세계의 일부로 간주되어 그 자체로 인정받지 못했으며, 성인의 축소판으로 여겨졌을 뿐이다. 루소는 어린이를 본래의 모습으로 보지 않고 미완성의 어른으로 보는 당시 사람들을 "우리는 어린이에 대해 전혀 모른다. (…) 가장 현명하다는 사람들도 어른이 알아두어야 할 것에 몰두한 나머지 어린이가 무엇을 배워야 할지에 대해서는 고려하지 않는다. 그들은 어른이 되기 전의 어린이가 어떤 존재인지 헤아려보지 않고, 항상 어린이에게서 어른을 찾는다"(E, 241~242)라고 비판한다.

루소는 어린이에 대한 새로운 인식을 촉구한다. 어린이는 더 이상 성인이 될 운명 뒤에 모습을 감춰야 하는 존재가 아니며, 자신만의 관점과 사고 그리고 감성을 가진 특별한 존재라는 것이다. "인간은 만물의 질서 속에 제자리를 잡고 있다. 마찬가지로 어린 시절도 인생의 질서 속에 그 나름의 자리가 있다. 어른은 어른으로, 어린아이는 어린아이로 바라보아야 한다. (…) 자연은 어린아이가 어른이 될 때까지는 어린아이로 있기를 원한다. 만약 우리가 이 순서를 뒤바꾸려 한다면 우리는 익지 않아 맛없고 이내 썩어버릴 설익은 과일을 얻게 될 것이다. 마찬가지로 우리에겐 어린 박사나 애늙은이가 있을 것이다. 아이에게는 자기 나름대로 보고 생각하고 느끼는 방식이 있다. 그것을 우리의 견해와 사고와 감정으로

바꾸려는 것보다 어리석은 일은 없다."(E, 303, 319)

　루소의 '어린이 발견'은 무엇보다 18세기 유럽에서 아동이 처한 냉혹한 현실에 근거한다. 우선 18세기에는 영아 사망률이 매우 높았다.[10] 당시 "태어난 아이들 중 기껏해야 절반 정도만이 청년을 맞는다."(E, 301) 실제로 18세기에는 태어난 아이 중 43%만이 3세까지 생존했다. 또한 파리 사람의 평균 수명은 23.5년이었다. 1758년의 파리 보육원에는 5012명의 유아가 수용되었으나 수용 직후에 1479명이 사망하고, 유모에게 맡겨진 후 다시 2270명이 사망해 불과 수개월 사이에 최종 74%라는 사망률을 보였다.

　18세기에 태어난 아이 중 절반 가까이가 성인이 되기 전에 죽었고, 이들의 너무나 짧은 생애 전체가 쓸데없는 구속과 매질로 망가졌다.[11] 루소는 이러한 현실 인식을 바탕으로 아이의 미래를 위해 현재의 고통과 불행을 감수해야 한다고 생각하는 사람들에게 어린 시절은 다시 돌아오지 않으며 미래의 불확실한 행복을 위해 그 시절이 희생되어서는 안 된다고 말한다. 그는 교육자와 부모들에게 다음과 같이 촉구한다.

　"인간들이여, 인간답게 행동하라. 그것이 그대들의 첫 번째 의무다. 신분이나 나이에 개의치 말고 인간과 관련된 모든 것을 인간적으로 대하라. 〔…〕 아이를 사랑하라. 아이가 그들의 놀이와 즐거움과 사랑스러운 본능을 마음껏 누리도록 도와주어라. 언제나 웃음이 입가에서 떠나지 않고, 언제나 마음이 평화로웠던 그 시절을 그리워하지 않는 사람이 어디 있겠는가? 어째서 그대들은 천진난만한 아이들에게서 눈 깜짝할 사이에 지나가버릴 그토록 짧은 순간의 환희를, 그들이 맘껏 누릴 줄도 모르는 그토록 소중한 행복을 빼앗으려 하는가? 어째서 그대들은 이제 그대들에게는 두 번 다시 오지 않고, 아이들에게도 다시 오지 않을 쏜살같은 어린 시절을 쓰라림과 고통으로 채우려 하는가? 아버지들이여, 그대들은 죽음이 언제 그대들의 아이를 데리고 갈지 알고 있는가? 자연이 아이들에게 부여한 그 짧은 순간을 그들에게서 빼앗고 후회하는 일을 만들지 마라. 그들이 존재의 기쁨을 느낄 수 있게 되면 곧 그것을 누리도록 해주어라. 신이 언제 그들을 불러 가더라도 그들이 인생의 기쁨을 맛보지 못하고 죽는 일은 없도록 하라."(E, 302)

그러니 이제 아이에게 아이로서의 시기를 돌려주어야 한다. 또한 "아이들 속에서 어린 시절이 무르익게 내버려두어라"라고 요구한다. 이 말은 아이가 작은 어른이 아니라 그 자체로 고유한 인격이요 완전한 존재임을 발견[12]한 것이며, 자연에 따라 "인간을 양성하는 기술art de former des hommes"(E, 241)로서의 교육을 발견한 것이라고 볼 수 있다. 루소의 교육 개념에는 "미래의 삶을 준비하기 위한 교육이나 보다 중요한 지식과 기능을 획득하기 위한 조기교육으로서의 교육이 없다."[13] 아이에게는 자연이 정해준 성장의 순서가 있다. 인간

발달의 각 단계에 적합한 목표와 방법에 따르는 일, 바로 그것이 아이를 아이로 다루는 일이며 자연을 따르는 일이기도 하다.

인간 본성과 사회, 그리고 교육에 관한 루소의 성찰은 당대에는 물론 후대의 위대한 교육 사상가들에게 지대한 영향을 미쳤다. 그가 주장한 교육의 원칙과 방법을 지지하는 이들과 반대하는 이들이 경쟁적으로 많은 출판물을 쏟아냈다. 양육과 가정 교육, 공공 교육에 대한 문제 제기뿐만 아니라 교재와 학교 등의 교육 조직에 대한 다양한 의견도 제시되었다. 18세기 후반부터 이런 경향이 본격적으로 나타나기 시작했다. 프레빌Anne-François-Joachim Fréville(1749~1832)과 드블레Emmanuel Develey(1764~1839) 같은 교육자는 역사책과 산수책을 새롭게 만들어냈고, 또 다른 교육자들은 루소의 교육관에 동조하면서 무엇보다 어린이를 교육 활동의 중심에 두는 교육을 시도하려고 노력했다.

바제도Johann Bernhard Basedow(1724~1790)는 루소의 영향을 받아 독일의 교육을 개혁하기 위해 노력했고, 자연 학습, 체육, 수공手工 등 실제 활동을 학교 교과에 도입했다. 또한 체벌 및 언어 학습에서의 기계적인 암기 방식을 없애야 한다고 주장했다. 그가 1774년에 독일 데사우Dessau에 설립한 '범애 학교Philanthropinum'(모범 학교)는 어린이들이 자신의 행복을 누릴 수 있게 하고 공공의 이익 증진과 국가에 봉사할 수 있는 애국적인 생활을 영위하게 하려는 목적에서 만들어진 실험 학교다.

페스탈로치Johann Heinrich Pestalozzi(1746~1827)는 루소의 《에밀》을 읽고 감동받아, '왕좌에 있으나 초가에 있으나 모두 같은 인간'이라는 신념으로 어린이 교육에 일생을 바쳤다. 그는 어린이를 근본적으로 선한 존재로 보았으며, 아직 피지 않은 꽃봉오리처럼 인간의 모든 능력이 내재해 있다고 생각했다. 따라서 교육은 어린이의 고유한 특성과 성장발달의 단계를 고려해, 본디부터 가지고 있는 능력이나 기질을 억압하지 않고 키워나갈 수 있도록 도와주어야 한다고 보았다.

페스탈로치는 지능·신체·도덕의 조화로운 발달을 교육의 목표로 삼았는데, 무엇보다 그는 때 묻지 않은 자연 속에서 어린이들이 공동으로 학습할 때야말로 공감과 신뢰에 기초한 아름다운 인간애가 나타날 수 있으며, 그를 통해 민중 역시 교화할 수 있다고 믿었다.

19세기 신인문주의 교육자 중 한 사람인 프뢰벨Friedrich Wilhelm August Fröbel(1782~1852)은 페스탈로치를 만나 루소의 교육 철학에 공감하고 자신의 교육 운동을 전개했다. 무엇보다 그는 억압적인 교육 방식을 타파하고 어린이가 놀이와 노작勞作 활동을 통해 자신의 세계를 만들고, 독립적이고 협력적인 사회 주체로 성장하기를 원했다. 프뢰벨은 미취학 아동을 위한 교육에 일생을 바쳤으며, 그가 만든 '킨더가르텐Kindergarten'(어린이들의 뜰)은 오늘날의 '유치원'에 실천적 골격을 제공한 것이라 할 수 있다.

미국의 진보적 교육 운동의 대표자인 듀이John Dewey (1859~1952)도 루소의 교육철학에 큰 관심을 가졌다. 그는 어린이를 스스로 성장하고 발전하는 힘을 가진 하나의 유기적 통일체로 여겼기 때문에, 억압 상태에서 이루어지는 교육은 그 자체가 이미 교육이 아니라고 보았다. 교사는 어린이가 가진 여러 능력, 즉 개개인의 심리적 활동과 사고 과정 등을 면밀하게 살피면서 관찰자 및 안내자로서의 역할은 물론 어린이가 새롭게 경험한 것을 이전에 경험한 것과 연결해주고, 새로운 사고를 할 수 있도록 제안하고 중재하는 역할을 담당해야 한다고 주장했다.

듀이는 전통적 지식관과 학교관을 비판하면서 다양한 실험 학교를 설립했고, 학교 교육의 주된 목적은 민주사회 실현에 기여할 시민을 양성하는 데 있다고 보았다. 교육에 대한 그의 생각은 주로《학교와 사회The School and Society》(1899)와《민주주의와 교육Democracy and Education》(1916)에 담겨 있다.

루소는 20세기의 모든 교육 개혁가가 택한 길의 교차점에 있다. 스위스의 심리학자 클라파레드Édouard Claparède (1873~1940)를 비롯해 프란시스코 페레Francisco Ferrer, 셀레스탱 프레네Célestin Freinet, 로제 쿠지네Roger Cousinet, 이반 일리치Ivan Illich, 서머일학교의 닐A. S. Neill 등 자유롭고 창의적인 교육을 고민한 모든 이가 그에게 경의를 표하고 그들의 사유에 루소가 미친 영향을 인정한다.

　루소는 지금도 새로운 자극을 주는 작가다. 프랑스 시인 앙드레 브르통André Breton(1896~1966)은 루소가 "그 무엇보다 아이들 편에 있었고, 그 후로 누구도 그만큼 하지 못했다"라고 말했다. 혹자는《에밀》이 교육학과 심리학의 최신 방법론에 추월당했다고 한다. 그러나 다시《에밀》을 면밀히 읽는다면 이 글이 여전히 어린이에 대한 현대의 모든 성찰에 교훈을 주며, 위기에 처한 현대의 학교 교육을 극복할 실마리를 제공하고 있음을 알게 될 것이다.

옮긴이 황성원·고봉만

머리말

"우리가 앓고 있는 병은 치유할 수 있다. 만약 병이 낫기를 원한다면, 자연은 바르게 행동하도록 태어난 우리에게 도움의 손길을 뻗을 것이다."

– 세네카, 〈분노에 대하여De Ira〉 2권 13장 1절

이 책은 교육에 대한 숙고와 관찰 기록을 모은 것이다. 일정한 순서가 없고 유기적 관련성도 거의 없지만, 사려 깊고 훌륭한 어머니[14] 한 분을 기쁘게 해 드리기 위해 쓰기 시작했다. 처음에 나는 그저 몇 쪽 정도 되는 의견서를 작성할 계획이었다. 그런데 의도와 달리 글의 주제가 나를 온통 사로잡는 바람에 어느새 한 권의 책이 되고 말았다. 담고 있는 내용으로 보면 너무 두껍고, 다루고 있는 주제로 보면 너무 얇은 그런 책이 된 것이다.

나는 이 책을 인쇄하여 세상에 내놓을지 말지를 오랫동안 고민했다. 그리고 이 책을 써나가는 동안, 몇 권의 소책자를 출판해본 적이 있다고 해서 책 한 권을 만들어낼 수 있는 것이 아니라는 사실을 자주 느꼈다.[15] 내용을 보완해보려고 했지만 마음대로 되지 않았다. 결국 나는 현재의 상태로 출판해야겠다고 결정했다. 왜냐하면 이쪽 분야에 사람들이 관심을 갖게 하는 것이 중요하고, 설령 내 생각이 잘못되었다 하더라도 그로 인해 다른 사람들이 올바른 생각을 하게 된다면 내가 결코 시간을 헛되이 쓴 것은 아니라고 판단했기 때문이다.

자신의 책자를 은신처[16]에서 세상 사람들에게 내놓는 사람은 덮어놓고 찬양하거나 옹호해주는 자기 편이 없다. 또 사람들이 그 책에 대해 어떻게 생각하고 뭐라고 말하는지 모르므로, 설령 그가 잘못 생각한 경우라 하더라도 사람들이 그 오류를 검토하지 않고 받아들이면 어쩌나 걱정할 필요도 없다.

나는 훌륭한 교육이 중요하다는 말은 가급적 아낄 생각이다. 또한 현재 시행되는 교육이 잘못되었다는 것을 증명하기 위한 이런저런 말을 늘어놓지도 않을 것이다. 그런 일은 이미 여러 이들이 했고, 나는 세상 사람들이 다 아는 이야기로 책 한 권을 채우고 싶은 생각이 조금도 없기 때문이다. 다만 나는 오래전부터 기성 교육에 반대하는 목소리가 있었지만 누구 하나 그보다 나은 실천 방법을 제시하는 사람이 없었다는 점을 지적하고 싶을 뿐이다.

우리 시대의 문학과 학문은 건설보다는 파괴에 치우친 경향이 있다. 사람들은 대가를 흉내 내어 남을 꾸짖고 나무라지만, 새로운 의견을 내놓기 위해서는 철학자인 체하는 그런 오만함과는 다른 태도를 취해야 한다. 이른바 공공의 이익이 유일한 집필 이유라는 책은 수없이 많았다. 하지만 우리 모두에게 두루 이익이 되는 것 가운데 가장 중요한, 인간을 양성하는 기술에 대한 책에 대해서는 여전히 소홀하다. 여기서 내가 다루려는 주제는 로크의 저서[17] 이래 아무도 손을 대지 않아 완전히 새로운 주제나 마찬가지다. 그런데 나는 내 책이 출간된 이후에도 여전히 로크의 책이 가장 새로운 책으로 평가받지 않을까 심히 걱정스럽다.

우리는 어린이에 대해 전혀 모른다. 따라서 현재 우리가 어린이에 대해 가진 잘못된 생각을 바탕으로 논의를 진행한다면, 우리는 더 갈피를 못 잡고 허우적거릴 것이다. 가장 현명하다는 사람들도 어른이 알아야 할 것에 몰두한 나머지 어린이가 무엇을 배워야 하는지에 대해서는 고려하지 않는다. 그들은 어른이 되기 전의 어린이가 어떤 존재인지 헤아려보지 않고, 항상 어린이에게서 어른을 찾는다. 내가 전념해서 연구한 부분이 바로 이 점이다. 여기서 내가 제시한 방법 전체가 비현실적이고 잘못된 것일 수도 있다. 그렇지만 적어도 내가 관찰한 바는 사람들에게 언제든지 유용하게 쓰일 수 있을 거라 생각한다.

어떻게 해야 하는지에 대해서는 내가 크게 잘못 판단했을 수도 있다. 하지만 다루어야 할 대상에 대해서는 제대로 파악했다고 생각한다. 그래서 나는 우선 당신의 제자들을 제대로 연구하는 일부터 시작하라고 권하고 싶다. 당신이 그들을 전혀 모른다는 사실이 분명하기 때문이다. 만약 당신이 이런 관점을 갖고 이 책을 읽는다면, 나는 이 책이 당신에게 유익

할 것이라고 생각한다.

　이 책에서 이른바 체계적이라 불릴 만한 부분이 있다면, 그것은 자연의 흐름에 따른 것뿐이라고 할 수 있다. 독자는 이 점이 가장 당혹스러울 것이다. 내가 독자들에게 공격을 당한다면 바로 이 때문일 것이며, 어쩌면 그들이 맞을 수도 있을 것이다. 독자들은 이 책을 읽으면서 교육론을 읽는다기보다는 교육에 관한 한 환상가의 몽상[18]을 읽는다는 느낌을 받을지도 모른다. 그러나 어쩌겠는가? 내가 쓰는 것은 다른 사람의 생각이 아니라 나 자신의 생각이다. 인간을 바라보는 나의 관점은 다른 사람들과 전혀 다르다. 이 때문에 나는 오랫동안 사람들의 비난을 받아왔다.

　그러나 나에게 다른 사람의 눈을 부여하고 다른 사람의 생각을 주입하겠다 한들, 그게 내 뜻대로 되는 일인가? 그렇지 않다. 내가 할 수 있는 일은 내 생각만을 고집하지 않는 것이며, 내가 세상 누구보다도 현명하다고 생각하지 않는 것이다. 또한 내 의견을 바꾸는 것이 아니라 나를 과신하지 않는 것이다. 이상이 내가 할 수 있는 일의 전부이며 지금 내가 하고 있는 일이다. 어쩌다 내가 단정적인 어투를 취하더라도 그것은 독자에게 내 생각을 강요하기 위해서가 아니라 내가 생각한 바를 그대로 독자에게 말하기 위해서다. 나 자신이 조금도 의문스럽게 여기지 않는 것을 어찌 의문의 형식으로 제시할 수 있겠는가? 나는 내 머릿속에서 일어나는 일을 그대로 정확히 이야기할 따름이다.

　나는 이 책에서 내 의견을 자유롭게 드러냈지만 그것에 권위가 서기를 바라는 마음은 없으므로, 의견마다 논거를 붙여두어 독자들이 검토하고 나를 평가할 수 있도록 했다. 나는 내 의견을 옹호하기를 고집하지 않는다. 하지만 이는 의견을 제시할 의무를 가볍게 여긴다는 말은 아니다. 왜냐하면 다른 이들의 것과 상이한 내 준칙들은 결코 무심히 넘길 수 없는 것들이기 때문이다. 이 준칙들이야말로 옳고 그름을 가려내야 할 중요한 문제이며, 인류의 행복과 불행을 좌우하는 것이기 때문이다.

　나는 사람들로부터 '실현 가능한 일'을 제안하라는 말을 끊임없이 들어왔다. 이는 해오던 대로 계속 하라고 제안하라는 말이거나, 적어도 현재의 잘못된 방법과 타협할 수 있는 방법을 제안하라는 말과 같다. 그런데 후자의 제안은 어떤 면에서는 나의 제안보다 훨씬 더 공상적이다. 왜냐하면 이런 타협의 관계에서는 좋은 쪽은 나빠지지만 나쁜 쪽은 좋아지지 않기 때문이다. 나는 어중간한 개선책을 취할 바에는 차라리 지금 시행되고 있는 것을 그대로 따르는 편이 낫다고 생각한다. 인간에게는 오히려 그편이 모순이 덜할 것이다. 인간은 상반되는 두 목표를 동시에 추구할 수 없기 때문이다. 세상의 아버지, 어머니들이여. '실현 가능한 일'을 제안하라는 말은 결국 당신들이 원하는 일을 제안하라는 말이 아닐까 한다. 내가 당신들의 이런 의향을 따르는 것이 옳은가?

계획을 세울 때는 늘 다음 두 가지를 고려해야 한다. 첫째, 그 계획은 전적으로 선해야 한다. 둘째, 계획의 실행이 쉬워야 한다.

첫째 사항에 대해서는, 계획이 그 자체로 인정받고 실행되기 위해서는 그 계획이 지닌 선함이 사물의 본성에 근원을 두고 있기만 하면 된다. 이를테면 제안된 교육 방법이 인간에게 적합하고 인간의 마음에 잘 들어맞으면 된다.

둘째 사항은 상황에 따라 달라지는 관계에 좌우된다. 그런데 이 관계란 사물에 부수附隨되는 우연한 것이어서 반드시 그렇게 해야 하는 것도 아닐뿐더러 끊임없이 바뀔 수 있는 것이다. 말하자면 어떤 교육은 스위스에서는 실현 가능하지만 프랑스에서는 그렇지 못할 수 있으며, 부르주아들에게 적합한 교육이 있는가 하면 귀족들에게 알맞은 교육이 따로 있는 것이다. 실행에 옮기기가 쉬우냐 어려우냐 하는 문제는 여러 상황에 따라 좌우되므로, 그 방법을 여러 나라나 신분에 일일이 적용해보기 전에는 알 수가 없다. 그런데 이런 개별적인 적용은 본래 내가 생각했던 주제와는 어긋나는 것이기 때문에 내 계획에는 전혀 포함되어 있지 않다.

만약 염두에 둔 지역이나 국가가 있어 생각한 바를 적용해보고 싶은 사람이 있다면 직접 실행에 옮겨보면 될 것이다. 나로서는 인간이 태어나는 곳이라면 어디에서든, 내가 제안하는 바에 따라 그들 자신이나 타인에게 최선의 교육이 이루어진다면 그것으로 족하다. 만약 내가 다루겠다고 약속한 주제를 이 책에 제대로 담아내지 못했다면, 그것은 내가 부족한 탓이다. 그러나 내가 이 서문에서 말한 주제 이상의 내용을 요구하는 것은 부당하다고 말하겠다. 나는 그 이상의 것을 약속하지 않았기 때문이다.

제1권

조물주의 손에서 나온 모든 것은 더할 나위 없이 온전한 반면, 인간의 손에 들어오면서 속수무책 나빠진다.[19] 인간은 갑이라는 땅에 억지로 을이라는 땅에서 자라는 작물을 재배하려 들거나, 갑이라는 나무에 을이라는 나무의 열매를 맺게 하려 한다. 인간은 기후와 환경과 계절을 뒤섞어버리고, 자기가 소유한 개와 말과 노예의 신체를 훼손한다. 인간은 모든 것을 뒤엎고, 모든 것을 일그러뜨리며, 기형畸形과 괴물을 좋아한다. 인간은 무엇 하나 자연이 만든 그대로를 원하지 않는다. 심지어 같은 인간에 대해서도 그렇다. 조련된 말처럼 길들이고, 정원의 나무처럼 자기 취향에 맞게 구부려놓아야 한다고 생각한다.

그러나 그렇게라도 하지 않으면 상황은 더 나빠질 것이다. 우리 인간들은 이도저도 아닌 상태에 머물기를 원하지 않기 때문이다. 오늘날과 같은 상황에서 출생과 동시에 스스로의 힘으로 다른 사람들 사이에서 살아가도록 내버려진 사람은 그 어떤 것보다 일그러진 존재가 될 것이다. 편견·권위·필연·모범 등 우리를 얽매는 모든 사회 제도가 인간의 본성을 억압해 그 자리에 아무것도 남겨두지 않을 것이다. 그곳에서 인간의 본성이란 어쩌다 길 한가운데 자라난 작은 나무 같은 것이어서, 지나가는 사람들의 발길에 이리저리 밟히고 사방으로 휘어져 결국은 시들어 죽고 말 것이다.

자애롭고 사려 깊은 어머니여! 나는 바로 지금 그대에게 말하고 있다.[20] 뭇사람이 좇아가는 큰길을 마다하고 갓 태어난 작은 나무를 세상의 잡다한 견해로부터 지킬 줄 아는 어머니여! 그 어린나무가 죽기 전에 물을 주고 가꾸시오. 장차 그 나무의 열매가 당신에게 기쁨과 즐거움을 선사할 것이니. 당신 아이의 영혼 주위에 일찌감치 성벽을 쌓으시오. 어디까지 성벽을 둘러칠 것인지는 다른 이가 정할 수 있겠으나, 벽을 세우는 일은 오직 당신만이 할 수 있으니.

식물은 심고 가꾸어 키우는 것이고, 인간은 교육으로 만들어지는 것이다. 설령 인간이 처음부터 크고 힘센 존재로 태어난다 해도, 자신의 힘을 써먹는 방법을 배울 때까지는 무용지물이 될 것이다. 오히려 큰 키와 강한 힘 때문에 아무도 그를 도우려 하지 않을 것이니, 그것들은 도리어 그에게 해가 될 것이다.[21] 그리고 홀로 내버려져 자신의 욕구가 무엇인지 알기도 전에 비참하게 죽게 될 것이다. 사람들은 어린아이가 작고 연약하게 태어난다고 한탄하는데, 그것은 인간이 이런 미숙한 상태로 태어나지 않았다면 인류는 진작에 멸망해버렸으리란 사실을 모르고 하는 말이다.

우리는 무르고 약하게 태어나기 때문에 힘이 필요하고, 아무것도 없이 태어나기 때문에 도움이 필요하며, 어리석은 채로 태어나기 때문에 판단력이 필요하다. 우리는 태어날 때 갖지 못했지만 어른이 되었을 때 필요한 모든 것을 교육에서 얻는다.

이 교육은 자연, 인간, 사물을 근원으로 출발해 우리에게로 온다. 우리가 가진 정신과 신체를 발달시키는 것은 자연의 교육이고, 이런 발달을 우리가 어떻게 이용할 것인지를 가르쳐주는 것이 인간의 교육이다. 그리고 우리에게 영향을 미치는 사물들에 대해 경험을 통해 학습하는 것이 사물의 교육이다.

그러므로 우리 각자는 세 종류의 스승에 의해 길러지는 것이다. 스승들의 가르침이 서로 부딪히면 제자는 좋은 교육을 받지 못하고 자기 자신과의 조화도 결코 이루지 못할 것이다. 세 스승의 가르침이 모든 면에서 일치하고 같은 목적을 추구한다면 제자는 자신의 목표를 향해 매진하면서 한결같은 삶을 살 수 있을 것이다. 이런 제자만이 좋은 교육을 받은 것이라 할 수 있다.

그런데 서로 다른 이 세 교육 중에서 자연의 교육은 우리 손을 완전히 벗어난 것이다. 사물의 교육은 어느 정도까지만 우리가 관여할 수 있다. 우리가 진정 마음먹은 대로 할 수 있는 것은 인간의 교육뿐이다. 그러나 이것도 가정에 불과하다. 한 어린아이 주위의 사람들 모두의 말과 행동을 완전히 관리한다는 게 과연 가능하겠는가?

따라서 교육을 일종의 기술로 본다면, 그것은 성공할 가능성이 거의 없다. 왜냐하면 그 성공에 필요한 세 교육의 일치는 사람의 힘으로 도달할 수 있는 것이 아니기 때문이다. 노력을 해서 어느 정도 목표에 다가갈 수는 있지만 그뿐이다. 목표에 도달하기 위해서는 상당한 행운이 따라야만 한다.

이 목표란 무엇인가? 그것은 앞서 말했듯이 자연의 목표, 바로 그것이다. 교육의 완성에는 세 교육의 일치가 필요하고 또 그것이 쉽지 않기 때문에, 우리의 힘으로 어떻게 할 수 없는 자연의 교육 쪽으로 나머지 두 교육을 이끌어가야만 할 것이다. 그러나 여기서 말하는 '자연'의 의미가 너무 애매하므로 우선 그 의미를 분명히 밝혀둘 필요가 있다.

흔히 사람들은 자연이 습성[22]에 불과하다고 말한다. 이 말은 무슨 의미일까? 습성이란 강제에 의해서만 형성되므로 자연을 압도하지 않을 습성이란 결코 없다는 의미인가? 예를 들면 곧게 뻗어나가려는 힘을 제지당한 식물의 습성 같은 것 말이다. 그 식물은 자유로운 상태가 되어도 강제로 구부러진 형태를 그대로 유지한다. 그러나 그 식물의 수액은 본래 자기가 가진 방향을 결코 바꾼 적이 없다. 그래서 만약 그

식물이 계속 성장하면, 다시 곧게 자란다.

인간의 성향도 마찬가지다. 동일한 상태에 머물러 있는 동안 인간은 습성에서 생겨난 부자연스러운 성향을 그대로 보존한다. 그러나 상황이 바뀌면 곧 그 습성은 사라지고 자연성le naturel이 고개를 든다. 교육도 일종의 습성임에 틀림없다. 그런데 자신이 받은 교육을 잊어버리거나 잃어버리는 사람이 있는가 하면, 그것을 간직하는 사람도 있지 않은가? 도대체 이 차이는 어디에서 오는 것인가. 만일 자연이라는 명칭을 자연에 부합하는 습성들로 한정한다면 이런 불필요한 논쟁을 하지 않아도 될 것이다.

우리는 감각 능력을 지니고 태어나기 때문에, 태어난 직후부터 우리를 둘러싸고 있는 사물들에서 다양한 방식으로 영향을 받는다. 이를테면 우리는 우리의 감각을 의식하게 되자마자 그 감각을 일으킨 사물들을 추구하거나 피한다. 처음에는 그것이 우리에게 유쾌한지 불쾌한지에 따라서, 다음에는 그 사물과 우리 사이의 관계가 서로 잘 어울리는지 아닌지에 따라서, 마지막으로 이성이 우리에게 부여하는 행복이나 완전성의 관념에 근거하여 우리가 사물들에 대해 내리는 판단에 따라 그것을 추구하거나 피한다. 이러한 성향은 우리의 감성이 발달하고 지식이 증가함에 따라 점점 더 범위가 넓어지고 강해진다. 그러나 그런 성향도 우리의 습성에 얽매여 있는 까닭에 우리의 견해에 따라 다소 변질된다. 나는 이렇게 변질되기 전의 성향을 우리 안에 있는 자연nature[23]이라고 부른다.

그러므로 모든 것을 이 본래의 성향과 연관되도록 해야 할 것이다. 우리의 세 교육이 서로 다르기만 할 뿐이라면 그것은 가능할 수도 있을 것이다. 그러나 이 세 교육이 서로 대립한다면 어떨 것인가? 또 한 인간을 그를 위해 교육하는 것이 아니라 다른 사람들을 위해 교육하려 한다면 어떻게 될까? 그런 경우에 본래의 성향과의 조화는 불가능하다. 그때는 자연과 싸우거나 사회 제도와 싸워야 하기 때문에, 인간과 시민[24] 중 어느 쪽을 만들 것인지를 선택하지 않으면 안 될 것이다. 이 둘을 동시에 만들 수는 없기 때문이다.[25]

모든 집단은 유대가 긴밀해지고 단결력이 공고해지면 자기가 속한 큰 사회로부터 떨어져나가기 마련이다. 자기 나라를 사랑하는 사람은 모두 다른 나라 사람에게 냉혹하다. 그들이 보기에 다른 나라 사람은 한낱 인간일 뿐 그 이상의 아무것도 아니기 때문이다. 이런 불합리한 생각은 불가피하지만 그렇다고 중요하게 여길 만한 것은 아니다. 중요한 것은 함께 사는 사람들에게 친절해야 한다는 것이다. 스파르타인은 나라 밖 사람들에게는 경멸의 시선을 보냈고, 인색하며, 불공정했다. 그러나 그들의 성벽 안에는 무욕無慾과 공정과 화합이 가득했다. 세계시민주의자[26]들을 경계하라. 그들은 자기 주변의 사람들에게는 의무를 소홀히 하면서 책 속에서만 먼 곳의 사람들에게 의무를 다하는 사람들이다. 이러한 '철학자'들은 이웃을 사랑하는 의무에서 벗어나기 위해 타타르족[27]을 사랑한다.

자연인homme naturel[28]에게는 자기 자신이 전부다. 자연인은 그 자체로 존재하는 하나의 숫자처럼 그 자신이 절대적 전체이며, 자기 자신 또는 동류의 사람들과만 관계를 맺는다. 사회인homme civil[29]은 분모에 의해 가치가 결정되는 분수의 한 단위에 불과하며 그 가치는 사회 집단corps social이라는 전체와의 관계에 의해 결정된다. 좋은 사회 제도란 인간에게서 자연성을 교묘하게 변질시켜dénaturer[30], 절대적 존재의 지위를 박탈하고 상대적 존재의 지위를 부여하여 사회라는 공동체 속에 '자아moi'를 옮겨 놓을 줄 아는 제도다. 그 결과 각 개인은 자신을 단일하고 독립적인 존재로 생각하지 않고 공동체의 일부분으로 생각하여, 전체 속에서만 자신을 의식하게 된다.

로마의 시민은 가이우스[31]나 루키우스[32] 같은 인물이 아니었다. 한 명의 보잘것없는 로마인이 로마의 시민이었다. 그들은 자신보다 조국을 더 사랑했다. 카르타고의 포로가 된 레굴루스[33]는 자신이 카르타고 주인들의 재산이 되었기 때문에 카르타고인이라고 주장했다. 그리고 로마에 보내졌을 때는 자신은 외국인이므로 카르타고인의 명령 없이는 로마 원로원의 의석에 앉을 수 없다고 말했다. 그는 사람들이 자기의 목숨을 구하려는 것에 분개했다. 그는 자신의 주장을 펼친 다음 의연히 카르타고로 돌아가 사형을 받았다. 우리가 아는 오늘날의 사람들에게는 찾아보기 힘든 일이다.

스파르타인 파이다레토스는 '300인 회의'에 지원했다가 거절당했다. 그러자 그는 스파르타에 자기보다 뛰어난 사람이 300명이나 있음을 깨닫고 기쁨에 넘쳐 돌아갔다.[34] 나는 그가 진심이었으리라 생각한다. 의심의 여지가 없다. 이것이 바로 시민이다.

스파르타의 한 여인이 다섯 아들을 군대에 보내놓고 소식을 기다리고 있었다. 한 노예가 전쟁터에 다녀왔고, 그녀는 떨면서 그에게 소식을 물었다. 노예는 이렇게 고했다. "댁의 아드님 다섯은 모두 전사했습니다." 스파르타 여인은 이렇게 답했다. "천박한 놈 같으니, 내가 너에게 그것을 물었느냐?" 노예가 다시 고했다. "우리 편이 이겼습니다!" 그러자 이 여인은 신전으로 달려가 신들께 감사의 기도를 올렸다. 바로 이것이 시민이란 것이다.

시민적 질서 속에서 자연의 감정적 우월성을 보전하려는 사람은 자신이 원하는 바를 모르는 것이다. 이런 사람은 늘 스스로 모순에 빠져 있으며, 자신의 성향과 의무 사이에서 방황하느라 인간도 시민도 되지 못할 것이다. 또 자신을 위해서도 남을 위해서도 좋은 사람이 되지 못할 것이다. 그는 오늘날 흔해빠진 인간 한 명일 뿐이다. 그저 한 명의 프랑스인, 한 명의 영국인, 한 명의 부르주아일 뿐인 것이다. 결국 그는 아무것도 되지 못한다.

무엇인가가 되기 위해서는, 그리고 늘 자기 자신과 일치하는 존재가 되기 위해서는 말과 행동을 일치시켜야 한다. 항상 자신이 취해야 할 태도를 분명히 정하고 그것을 당당하게 실천하고 지켜나가야 한다. 나는 그런 비범한 존재가 내 앞에 나타나기를 기대한다. 왜냐하면 그가 인간인지 시민인지 알고 싶고, 또는 인간인 동시에 시민이 되기 위해 어떻게 처신해야 하는지 알고 싶기 때문이다.

필연적으로 상반되는 이 두 목적으로부터 서로 다른 두 형태의 교육이 나온다. 하나는 공동체에 관계되는 공공 교육[35]이고 다른 하나는 개인에 관계된 가정 교육이다.

공공 교육이 무엇인지를 알고자 한다면 플라톤의《정체 Politeia》[36]를 읽어 보라. 이 책은 제목에서 짐작되는 바와 같이 정치에 관한 것이 전혀 아니다. 이는 지금까지 쓰인 가장 훌륭한 교육론이다.[37]

플라톤의 제도를 말하면 사람들은 대개 공상 속의 국가를 떠올린다. 그러나 만일 리쿠르고스[38]가 자신이 구상한 제도를 책으로 써서 남겨두었더라면, 나는 그쪽이 훨씬 더 공상적이었으리라고 생각한다. 플라톤은 인간의 마음을 순수한 영혼의 형태로 정화하려 했을 뿐이지만, 리쿠르고스는 인간에게서 자연성을 제거dénaturer 했다.

공공 교육 제도는 더 이상 존재하지 않으며, 존재할 수도 없다. 조국patrie이라는 개념이 이미 사라지고 없으므로 시민citoyen 또한 있을 수 없기 때문이다.[39] 조국과 시민이라는 두 낱말은 이제 현대어에서 사라져야만 한다. 그 이유를 나는 잘 알고 있지만 말하고 싶지는 않다. 그것은 이 책에서 내가 다루는 주제와는 아무 상관도 없기 때문이다.

나는 사람들이 '콜레주collège'[40]라고 부르는 저 우스꽝스러운 시설을 공공 교육 기관이라고 생각하지 않는다.[41] 또한 사교계의 교육 같은 것도 내 안중에는 없다. 사교계의 교육은 서로 다른 방향의 두 목표를 추구하다가 양쪽을 다 놓치고 있기 때문이다. 이 교육은 마치 전적으로 타인을 위해 살도록 교육하는 것처럼 보이지만, 사실은 자신 외에는 전혀 생각하지 않는 이중적 인간을 만들어 내는 데에만 적합하다. 그러나 이런 위선과 가식은 모든 사람에게 공통된 것이어서 아무도 속이지 못한다. 다 공연한 헛수고일 뿐이다.

이와 같은 모순에서 우리가 마음속에서 끊임없이 겪는 모순이 생겨난다. 우리는 자연과 인간에 의해 서로 반대되는 길로 이끌려 들어가 여러 충돌 사이에서 의견이 엇갈릴 수밖에 없으며, 그 어느 쪽 목표에도 도달하지 못하는 어중간한 길을 따르게 된다. 그리하여 우리는 일생을 거쳐 갈등하고 방황하면서 자기 자신과 조화를 이루지도 못하고 자신에게도 타인에게도 아무런 도움도 주지 못한 채 생을 마감하고 만다.

이제 우리에게 남은 것은 가정 교육 또는 자연의 교육이다. 그런데 과연 자기 자신만을 위한 교육을 받은 사람이 타인들을 위해 무엇이 될 수 있겠는가? 만약 사람들이 지향하는 두 목적이 하나로 통일될 수 있다면, 우리는 인간의 갖가지 모순을 제거함으로써 자신의 행복을 가로막는 큰 장애물 하나를 제거할 수 있을 것이다. 그러나 우리가 이 점을 판단하기 위해서는 완전히 자란 사람을 보아야 할 것이다. 그의 성향을 관찰하고 발전을 살피며 성장 과정을 지켜보아야 할 것이다. 한마디로, '자연인'이 무엇인지 알아야 한다. 나는 사람들이 이 책을 읽고 난 후 이런 분야의 연구에서 어느 정도 진전을 보리라 믿는다.

이처럼 보기 드문 인간을 길러내기 위해 우리는 무엇을 해야 할 것인가? 틀림없이 많은 일을 해야겠지만, 그중에서도 으뜸은 그에게 아무것도 행해지지 않도록 막는 일이다. 바람을 거슬러 항해하기 위해서는 바람이 불어오는 쪽을 향해 지그재그로 나아가면 된다. 그러나 파도가 거칠어 그 자리에 머물고자 한다면 닻을 내려야 한다. 젊은 조타수여, 조심하라! 닻줄이 풀리거나 닻이 제대로 바닥에 박히지 않아 당신도 모르는 사이에 배가 정처 없이 흘러갈 수 있으니 말이다.

사회의 질서 속에는 모든 지위가 결정되어 있어서 각자 자기 지위에 맞게 교육을 받도록 되어 있다. 만일 지위에 맞는 교육을 받는 개인이 그곳을 벗어나게 된다면, 그는 어디에도 쓸모없는 자가 된다. 사회 질서에 속한 이런 교육은 부모의 직업을 이어받을 때만 유용하다. 그렇지 못한 경우에는 이런 교육은 학생에게 유해하다. 이로 인해 생겨날 편견만 생각해도 그렇다. 아들이 아버지의 직업을 반드시 이어받아야 했던 이집트에서는 적어도 교육에 뚜렷한 목적이 있었다. 그러나 신분의 서열만 남아 있을 뿐 거기에 속하는 사람들이 끊임없이 바뀌고 있는 우리 사회에서는, 신분에 맞게 아이를 교육하는 일이 과연 아이에게 좋은 것인지 아닌지는 아무도 알 수 없다.

자연의 질서 속에서 인간은 모두 평등하기 때문에 모든 인간의 마땅한 본분은 바로 인간이 되는 것이다. 그러므로 인간으로서 훌륭한 교육을 받은 사람이라면 인간과 관련된 어떤 일이든 제대로 이행하지 못할 리 없다. 내 제자가 군인이 되든 성직자나 법률가가 되든 그런 것은 나에게 별로 중요하지 않다. 자연은 그가 부모의 직업을 따르기에 앞서 먼저 인간으로서의 삶을 살 것을 요구한다.

인간으로서의 삶을 살아간다는 것, 바로 그것이 내가 그에게 가르쳐주고 싶은 일이다. 내 손을 떠날 때 그는 분명히 법률가도 군인도 성직자도 아닐 것이다. 그러나 그는 무엇보다도 인간이 되어 있을 것이다. 한 인간이 도달해야 할 것이 있다면 그것이 무엇이든, 필요한 것을 누구 못지않게 해낼 수 있게 될 것이다. 아무리 운명의 여신이 그의 자리를 바꾸려 해도, 그는 늘 자신의 자리를 지키고 있을 것이다. "운명의 여신이여, 내가 그대에게 경고하지 않았는가, 나는 그대를 포로로 잡았노라. 그리하여 그대가 내게 올 수 있는 길을 모조리 막아버렸노라."[42]

우리가 진정으로 해야 할 연구는 인간의 조건에 관한 연구다. 나는 우리 중에 인생의 좋은 일과 나쁜 일을 가장 잘 감당할 줄 아는 사람이 가장 교육을 잘 받은 사람이라고 생각한다. 그런 뜻에서 진정한 교육은 훈계보다는 훈련으로 이루어진다고 할 수 있다. 우리는 인간으로 태어나면서부터 배우기 시작한다. 우리의 교육은 존재와 함께 시작되며, 최초의 선생은 유모다. 그래서 고대인들에게 '교육éducation'이라는 말은 오늘날 우리가 사용하는 의미와는 다른 뜻을 가지고 있었다. 그것은 '수유授乳'를 의미했다.

"산파가 아이를 받고, 유모는 키우고, 가정교사는 가르치고, 스승은 지도한다"라고 바로[43]는 말했다. 이처럼 보육과 가르침과 지도는 마치 보육자와 가정교사와 스승이 다르듯이 각각의 목적도 서로 다르다고 여겨졌다. 그러나 이와 같은 구분은 잘못 이해한 것이다. 아이가 제대로 교육을 받기 위해서는 단 한 사람의 안내자만이 있어야 한다.

그러므로 우리는 우리의 관점을 일반화하여, 우리의 제자를 추상적인 인간homme abstrait, 즉 살아가면서 겪을 수 있는 온갖 고난에 노출된 인간으로 고찰해야 한다. 만약 인간이 어떤 지역에 묶여 살도록 태어난다면, 같은 계절이 일 년 내내 계속된다면, 또 각자가 결코 바뀌지 않는 운명의 지배를 받는다면, 어떤 면에서는 현재 이루어지고 있는 교육 방법에 장점이 있을지도 모른다. 자신의 사회적 신분에 따르는 위치에 맞게 교육된 아이는 거기서 벗어나는 일이 결코 없을 테니, 다른 환경의 아이가 겪는 어려움에 노출되는 일은 없을 것이다.

그러나 변화무상한 인간사와 모든 것이 세대마다 뒤죽박죽되는 이 시대의 끊임없이 동요하는 정신을 생각한다면, 결코 집 밖으로 나갈 필요가 없다는 듯이 항상 하인들에게 둘러싸여 있도록 아이를 키우는 것보다 더 몰상식한 방법이 어디 있겠는가? 만일 이 불행한 아이가 집 밖으로 한 발짝이라도 내딛거나, 한 계단이라도 사회적 지위가 내려가게 되면 그는 곧 절망하고 말 것이다. 이런 교육은 아이에게 고통을 견디는 법을 가르치는 것이 아니라 고통에 시달리도록 훈련하는 것이나 다름없다.

사람들은 자신의 아이를 아무 탈 없이 편안하도록 보호할 생각만 한다. 하지만 그것만으로는 충분치 않다. 그가 어른이 되었을 때 자신의 삶을 잘 꾸려나가고 운명의 시련을 견뎌내고 부 앞에서든 가난 앞에서든 흔들리지 않으며, 필요하다면 아이슬란드의 얼음 속이나 몰타섬의 타는 듯이 뜨거운 바위 위에서도 살아갈 수 있도록 가르쳐야 한다. 당신은 그가 죽지나 않을까 하여 온갖 대비를 하지만, 소용없는 일이다. 그도 언젠가는 죽을 것이기 때문이며, 이를 당신이 그를 잘 보살피지 못한 탓이라 여긴다면 그것은 잘못된 생각이다. 무엇보다 중요한 것은 죽지 않도록 하는 것이 아니다. 살아갈 수 있게 가르치는 것이다.

산다는 것은 숨을 쉬는 것을 의미하는 것이 아니라 행동하는 것을 의미한다. 그것은 우리 기관과 감각, 능력 그리고 우리에게 실제로 존재하고 있다는 느낌을 주는 우리 몸의 모든 부분을 활용하는 것이다. 가장 잘 산 사람이란 가장 오래도록 산 사람이 아니라, 가장 삶을 많이 느낀 사람이다. 100세를 살고도 태어나자마자 죽은 것이나 다름없는 사람이 있다. 그런 사람은 젊어서 무덤에 가는 편이 나았을 것이다. 적어도 그때까지 참된 삶을 살았다면 말이다.

우리의 지혜라고 하는 것은 모두 비굴한 편견들로 이루어져 있다. 우리의 모든 관습은 복종과 제약과 구속에 지나지 않는다. 사회 속에서 사는 인간은 노예 상태에서 태어나 살다가 죽는다. 태어나자마자 그를 배내옷44으로 꽁꽁 묶어 놓고, 죽으면 그를 관 속에 넣고 못을 박는다. 인간의 모습을 지니고 있는 한 그는 인간이 만든 제도에 얽매여 살게 된다.

많은 산파들이 신생아의 머리를 주물러 모양을 좀더 예쁘게 만든다고 떠벌리고, 사람들은 또 그것을 묵인한다. 우리의 머리는 조물주의 솜씨만으로는 부족하여, 외형은 산파를, 내면은 철학자를 시켜서 그것을 다듬어야 한다는 것이다. 어떤 면에서는 카리브 제도의 원주민들이 우리보다 더 행복하다고 하겠다.

"아이가 어머니의 배 속에서 나와 사지를 움직이고 뻗을 수 있는 자유를 얻자마자, 세상은 그에게 새로운 속박을 가한다. 배내옷으로 싸고, 머리를 고정하고, 다리를 똑바로 펴게 하고 양팔은 몸에 가지런히 붙여서 눕혀놓는다. 아이는 온갖 헝겊과 끈으로 싸여 몸을 제대로 움직일 수도 없다. 숨을 못 쉴 정도로 바짝 조여 매지만 않으면 다행이다. 아이가 입안에 고인 침을 뱉어낼 수 있게 옆으로 눕혀주기만 해도 다행이다. 아이에게는 머리를 돌릴 자유도 없기 때문이다."45

신생아는 사지를 뻗어 움직일 필요가 있다. 아주 오랫동안 작은 실뭉당이처럼 뭉쳐 있었기 때문에 사지를 마비 상태에서 풀어주기 위해서다. 물론 사람들이 아이의 사지를 펴주기는 한다. 그러나 사지를 움직이지 못하게 하는 것도 사실이다. 머리까지도 모자를 씌워서 옭매어놓는다. 마치 아이가 살아 있는 것같이 보일까 두려워하는 듯하다.

이처럼 성장을 이끌 신체의 내적 충동은 성장이 요구하는 운동을 하려 할 때마다 넘어설 수 없는 장애에 부딪히게 된다. 아이는 계속해서 헛수고만 되풀이하여 힘이 빠지고 발육이 늦어진다. 어머니의 배 속에서 양막羊膜에 싸여 있을 때가 배내옷 속에 싸여 있을 때보다 덜 갑갑하고 덜 불편하고 덜 구속받는다고 느꼈을 것이다. 상황이 이러하니 나는 아이가 세상 밖으로 나와 득을 보는 것이 무엇인지 모르겠다.

아이의 사지를 움직일 수 없게 속박하는 것은 혈액과 체액의 순환을 방해하고 몸이 튼튼해지고 성장하는 것을 막으며 골격을 변형할 뿐이다. 이렇게 터무니없는 보살핌을 하지 않는 곳의 사람들은 모두 크고 강하며 균형 잡힌 몸을 갖고 있다. 아이를 배내옷으로 감싸는 곳에는 꼽추, 절름발이, 안짱다리, 발육 부전, 구루병 환자 등 온갖 종류의 기형畸形 인간들이 우글거린다. 아이가 몸을 자유롭게 움직이면 아이의 몸이 변형될까 봐 서둘러 묶어놓음으로써 도리어 변형을 일으켜버리는 것이다. 아이가 불구가 되지 않도록 하기 위해 일부러 아이를 불구로 만드는 꼴이다.

이토록 잔인한 속박이 아이들의 체질과 기질에 영향을 주지 않을 수 있을까? 아이들이 최초로 느끼는 감정은 아픔과 고통일 것이다. 그들은 필요한 동작을 할 때마다 장애를 만날 뿐이다. 쇠사슬에 묶인 죄수보다 더 불쌍한 그들은 헛된 노력을 거듭하다 화를 내고 큰 소리로 울기 시작한다. 당신은 "아이들이 최초로 내는 소리는 울음소리다"라고 말하고 싶은가? 물론 나도 그 의견에는 동의한다. 그러나 당신들은 아이들이 태어난 그 순간부터 그들을 불쾌하게 만들어 울음을 터뜨리게 하는 것이다. 아이들이 당신들에게 받는 최초의 선물은 사슬이고, 최초의 대우는 고문이다. 그들이 자유롭게 사용할 수 있는 것이라곤 목소리밖에 없는데, 어찌 그것으로 불만을 호소하지 않을 수 있겠는가? 그들은 당신들이 가한 고통 때문에 큰 소리로 우는 것이다. 만약 당신들이 그들처럼 묶여 있다면, 아마 그들보다 더 큰 소리로 울어댈 것이다.

이처럼 불합리한 관습은 어디서 비롯된 것일까? 자연에 역행하는 관습에서 온 것이다. 어머니들이 자신의 첫 번째 의무를 소홀히 하여 젖 먹이는 것을 꺼리면서부터 아이들은 돈으로 고용된 유모들에게 맡겨지게 되었다. 아무 혈연관계가 없는 낯선 아이의 어머니가 된 유모들은 오로지 힘든 일을 피하고 싶은 생각뿐이다. 아이를 자유롭게 놔두면 계속 그를 보살펴야만 한다. 그러나 아이가 잘 묶여 있다면 어느 한구석에 밀어 놓고 울거나 말거나 신경 쓰지 않을 수 있다. 유모가 아이에게 소홀히 했다는 증거만 없으면, 아이의 팔다리가 부러지지만 않는다면, 나중에 그 아이가 죽게 되든 병약하게 살든 상관이 없는 것이다. 아이의 몸이 쇠약해지더라도 팔다리만 멀쩡하면 설령 무슨 일이 생기더라도 유모에게는 책임이 없는 것이다.

자식으로부터 해방되어 도시의 환락에 희희낙락 빠져 있는 상류 가정의 어머니들은 배내옷에 싸인 자기 자식이 시골에서 어떤 취급을 받는지 알고 있을까? 조금만 성가시게 굴어도 아이는 헌옷 보퉁이처럼 벽의 못에 매달린다. 유모가 태평하게 자기 일을 보는 동안 불쌍한 아이는 십자가에 못 박힌 것처럼 매달려 있는 것이다. 이런 상태에 있는 아이들은 모두 낯빛이 보랏빛으로 바뀐다. 가슴을 세게 조인 탓에 혈액순환이 잘되지 않아 피가 머리로 역류한 것이다. 아이는 조용해지겠지만, 그것은 울 힘도 없는 환자가 된 것과 다름없다. 나는 그런 상태에서 아이가 얼마나 오랫동안 죽지 않고 버틸 수 있는지 모르지만, 그리 오래 버틸 수 있다고 보지는 않는다. 나는 바로 이 점이 배내옷의 가장 큰 편의 가운데 하나라고 생각한다.

아이를 자유롭게 놔두면 몸 상태가 나빠지고 팔다리의 순조로운 발육에 해가 되는 동작을 할 수 있다고 주장하는 사람들이 있다. 그러나 이것이야말로 우리의 그릇된 지혜에서 나온 터무니없는 추론 가운데 하나로, 어떤 경험에 의해서도 전혀 확인된 바가 없다. 우리보다 더 양식 있는 나라들에서는 많은 아이들이 사지를 완전히 자유롭게 움직일 수 있도록 하여 길러지고 있지만 그들 가운데 단 한 명도 다치거나 불구가 된 아이는 없다. 아이들은 자신을 위험하게 할 정도로 격렬하게 움직일 수가 없다. 설령 그들이 격렬한 자세를 취한다 해도 이내 고통이 와서 자세를 바꾸도록 주의를 주기 때문이다.

우리는 개나 고양이 새끼를 배내옷에 싸서 키우겠다고 생각하지 않는다. 그렇다고 해서 그것들에게 장애가 생긴 것을 본 적이 있는가? 갓난아이들이 개나 고양이 새끼들보다 더 무거운 것은 사실이지만, 그에 비례해서 더 약한 것도 사실이다. 이제 겨우 움직일 수 있는 정도인데 어떻게 자신을 불구로 만들 수 있겠는가? 만약 아이를 바닥을 향해 엎어 놓으면, 거북이처럼 몸을 뒤집을 수가 없어서 그 상태로 죽고 말 것이다.

여성들은 자신의 아이에게 젖을 물리지 않는 것뿐 아니라 아이를 갖는 것을 꺼린다. 당연한 결과다. 어머니라는 입장이 번거로우니 거기서 완전히 벗어날 방법을 강구하는 것이다. 그녀들은 배 속의 아이를 유산시키고, 그것을 반복한다. 인류의 번성을 위해 주어진 매력을 인류에게 해가 되도록 악용한다. 이런 풍속은 인구 감소의 다른 요인들과 더불어 가까운 장래에 유럽이 맞이하게 될 운명을 예고한다. 유럽이 만들어내고 있는 과학, 예술, 철학, 그리고 풍습은 머지않아 유럽을 황무지로 만들어버릴 것이다. 유럽은 맹수들이 들끓는 땅이 될 것이다. 그렇다고 딱히 사람들이 바뀌지는 않을 테지만 말이다.

나는 종종 젊은 부인들이 자기 아이에게 젖을 먹여 키우고 싶다는 따위의 속이 빤히 보이는 말을 늘어놓는 것을 보았다. 이들은 그런 엉뚱한 생각일랑은 하지 말라고 다른 사람들이 만류하리라는 것을 알고 있다. 그녀들은 교묘하게 남편과 의사, 특히 친정어머니가 개입해 이를 말리도록 만든다.

자기 아내가 아이에게 젖을 먹이는 데 감히 찬성하는 남편이 있다면 그는 못난 남편 취급을 받을 것이며, 아내를 망치게 하는 살인자 취급을 받을 것이다. 사려 깊은 남편이라면 가정의 평화를 위해 부성애를 희생해야 한다는 것이다. 다행히 시골에는 당신의 아내들보다 욕망을 더 억제할 줄 아는 여성들이 있다. 당신의 아내가 그렇게 해서 얻은 여유 시간을 당신 이외의 다른 남성을 위해 쓰지만 않는다면 한층 더 다행한 일이다.

여성들의 의무가 무엇인지는 누구나 다 안다. 사람들은 여성들이 그 의무를 등한하는데도 아이를 모유로 기르건 다른 사람의 젖으로 기르건 마찬가지가 아니냐고 논쟁을 하고 있다. 이 문제의 시시비비는 의사들이 가릴 일이지만, 나는 여성들이 원하는 쪽으로 결론이 나고 있다고 생각한다. 나로서도 만약 아이 생모生母의 핏속에 좋지 않은 병균이 섞여 있어 아이에게 전염될 위험이 있는 경우라면, 그런 어머니의 젖보다는 건강한 유모의 젖을 먹이는 쪽이 아이에게 낫다고 생각할 것이다.

그러나 이 문제를 단지 신체적 차원에서만 고려해도 될까? 아이에게 모유 외에 다른 보살핌은 필요하지 않은 것일까? 젖이야 어머니가 안 주겠다면 다른 여자가 대신하거나, 심지어 동물의 젖을 줄 수도 있을 것이다. 하지만 어머니의 자상한 보살핌은 무엇으로도 대체할 수 없다. 자기 자식에게 먹일 젖을 남의 자식에게 먹이는 어머니는 좋은 어머니일 수 없다. 그러니 그런 여인이 어찌 좋은 유모가 될 수 있단 말인가. 설령 좋은 유모가 될 수 있다 하더라도 그렇게 되기까지는 많은 시간이 걸릴 것이다. 이는 습관으로 본성을 바꾸는 일이기 때문이다. 그리고 유모가 어머니의 정을 가지게 되기까지 제대로 보살핌을 받지 못한 아이는 백 번도 더 죽을 고비를 넘겨야 할 것이다.

그런데 이렇게 해서 유모가 어머니의 정을 가지게 되면 그로부터 또 다른 문제가 발생한다. 이 문제만 생각하더라도, 예민한 여성이라면 자기 아이를 남의 손에 맡길 생각은 하지 않을 것이다. 그것은 어머니로서의 권리를 남과 나누는 문제다. 아니, 더 정확하게 말하자면 남에게 어머니의 권리를 양도하는 문제다. 자기 아이가 다른 여자를 자기만큼 혹은 그 이상으로 사랑하는 것을 보아야 하며, 아이가 친어머니에 대해 갖는 애정은 은혜 정도로 알고 양어머니에 대해 갖는 애정은 의무로 아는 것을 받아들여야 하는 문제가 생기는 것이다. 나라도 나를 보살펴준 분에게 자식으로서 애착을 더 느낄 것이기 때문이다.

이런 난처한 문제를 해결하기 위해 사람들이 쓰는 방법은 유모를 하녀로 취급해버림으로써 아이에게 유모에 대해 경멸감을 갖게 하는 것이다. 유모의 임무가 끝나면 아이를 도로 찾아오거나 유모를 해고한다. 유모를 냉대하여 그녀가 아이를 보러 오는 것도 거절한다. 그렇게 몇 해가 지나면 아이는 유모를 만나는 일도 없어지고, 유모의 얼굴조차 잊어버리게 된다. 이렇게 함으로써 어머니는 유모를 대신하고, 가혹한 방법을 쓰긴 했지만 아이에 대한 자신의 태만을 갚는다고 여기는 것이다. 그러나 이는 잘못된 생각이다. 그녀는 자연에 어긋나게 양육된 아이를 인정 많은 아이로 만드는 대신 배은망덕한 아이로 크게 한다. 자신에게 젖을 먹여 길러준 유모를 경멸하듯 언젠가 자신을 낳아준 생모마저 경멸하도록 자식을 가르치는 셈이다.

이는 유익한 주제이기에, 나는 지쳐 나가떨어지기 전까지 이 점을 힘주어 강조할 것이다. 이것은 사람들이 생각하는 것보다 훨씬 더 많은 문제와 관련되어 있다. 사람들로 하여금 각자 자신의 가장 중요한 의무를 다하게 하고 싶은가? 그렇다면 어머니의 의무부터 시작하도록 하라. 여기서 생기는 변화에 당신은 깜짝 놀랄 것이다. 모든 것은 이 최초의 타락에서 비롯되어 속속 생겨나는 것이다. 모든 도덕적 질서가 변질되고, 모든 사람의 마음속에서 자연성이 사라진다. 가정에서는 활기가 줄어들고, 새로운 가족이 탄생하는 감동적인 장면은 더 이상 남편의 관심을 끌지 못하며, 타인의 관심 또한 얻지 못한다. 사람들은 아이와 함께 지내지 않는 어머니를 존경하지 않는다. 이러한 가정은 안식처가 되지 못한다. 습관을 공유해도 혈연관계가 돈독해지지 않으며, 부모도 자식도 형제도 자매도 없어진다. 가족 모두가 거의 남남처럼 된다. 그런데 어떻게 그들이 서로를 사랑할 수 있겠는가? 모두 자기 자신만 생각한다. 가정이 우울하고 쓸쓸한 곳에 지나지 않는다면, 다른 곳으로 위안을 찾으러 가는 것은 당연한 일이다.

그러나 어머니가 손수 자신의 아이를 젖을 먹여 키운다면 풍속은 자연스레 개선될 것이고, 모든 사람의 마음에서 자연의 감정이 되살아날 것이며, 나라의 인구도 다시 늘어나게 될 것이다. 어머니가 최초의 의무를 다하는 것, 그것만이 모든 것을 화합하게 할 것이다. 단란한 가정생활의 매력이야말로 나쁜 풍속에 대한 가장 좋은 해독제다. 귀찮게 여겼던 아이들의 소란도 기분 좋게 느껴지고, 그로 인해 아버지와 어머니는 서로를 더 필요로 하고 소중하게 여기며 부부간의 애정도 한층 깊어진다. 가정에 활기가 차고 생기가 가득하면, 살림살이에 관한 일은 아내에게 더없이 소중한 일이 되고 남편에게는 가장 기분 좋은 여흥이 된다. 이처럼 단 한 가지 잘못만 시정해도 모든 것이 바뀌고, 자연은 자신의 모든 권리를 회복하게 될 것이다. 일단 여성이 어머니의 자리로 되돌아가면 남성도 곧 아버지의 자리, 남편의 자리로 되돌아갈 것이다.

그러나 지금까지 내가 한 얘기는 다 쓸데없는 설교에 불과할 테다. 세속적인 쾌락에 싫증을 느낀 이들조차 이런 설교는 결코 들으려 하지 않기 때문이다. 여성들은 어머니 노릇을 단념했고, 앞으로도 그럴 것이다. 설령 어머니가 되기를 원한다 해도 여간해서는 그럴 수 없을 것이다. 오늘날에는 그 반대편의 관습이 이미 확립되어 있어서, 어머니 노릇을 하려면 주위의 모든 여성과 싸워야 하기 때문이다. 이 반대편 여성들은 전례도 없었고 있었다 해도 따를 마음도 없는 이 모범적인 일에 맞서 결속하고 있다.

그럼에도 아직 존재하는 훌륭한 천성을 지닌 여성들이 시대의 풍조와 주위 여성들의 거센 비난에도 불구하고 자연이 부여한 더없이 감미로운 이 의무를 고결한 용기로 수행하려 한다. 아무쪼록 이런 의무에 전념하는 여성들이 누리는 행복의 매력에 이끌려 그런 여성들이 많아지기를! 가장 단순한 추론을 통해 얻은 결과와 확실하기 그지없는 관찰에 입각해 나는 이 훌륭한 어머니들에게 다음과 같은 바를 감히 약속한다. 당신들은 남편에게 확실하고 변함없는 사랑을 받을 것이며, 자녀들에게는 진정한 효심을, 세상 사람들로부터는 호의적인 평가와 존경을 받을 것이다. 당신들은 아무 탈 없이 순조롭게 아이를 낳을 것이며, 산후에도 건강과 활기를 누릴 것이고, 마침내는 당신들의 딸들이 당신들의 덕행을 본받고 나아가서는 남의 딸들의 귀감이 되는 것을 보고 기뻐할 수 있으리라.

어머니가 어머니답지 못하면 자식도 자식답지 못하다. 어머니와 자식 사이의 의무는 상호 의존적이다. 한쪽이 그 의무를 소홀히 하면 다른 쪽도 그것을 게을리할 것이다. 자식은 어머니의 은혜를 깨닫기 전에 어머니를 사랑해야 한다. 혈통으로 맺어진 목소리는 습관과 보살핌으로 강화되지 않으면 생후 몇 년 안에 사라져버린다. 말하자면 애정이 싹트기도 전에 없어지는 것이다. 그리하여 우리는 인생의 첫걸음마를 떼자마자 자연에서 벗어나게 된다.

그런가 하면 이와는 정반대의 길을 걸음으로써 자연의 궤도를 벗어나기도 한다. 어머니가 아이를 소홀히 키워서가 아니라 너무 지나치게 보살피는 경우에 그렇다. 아이를 숭배하다시피 하여 아이가 자신의 나약함을 느끼지 못하도록 하려다가 오히려 아이를 더 나약하게 만든다. 또 아이를 자연의 법칙에서 보호해주려고 아이를 고통에서 멀리 떼어놓는다. 그러나 그녀는 아이가 겪을 몇 가지 불편을 일시적으로 덜어줌으로써 장차 아이에게 닥칠 사고와 위험을 아이의 머리 위에 쌓고 있다는 것을 모르고 있다. 또한 인생의 고달픔을 견뎌야 하는 어른이 될 때까지 유년기의 나약함을 연장하는 것이 얼마나 야만스러운 예방책인지 생각지 않는 것이다.

신화에 따르면, 테티스는 아들을 불사신으로 만들기 위해 스틱스의 물속에 자기 아들을 담갔다고 한다.[46] 이 비유는 아름답고 그 의미가 분명하다. 내가 말하는 '잔인한' 어머니들은 그렇게 하지 않는다. 그녀들은 아이를 유약하게 만듦으로

써 오히려 장차 아이가 겪을 고통을 더하고 있다. 이러한 행위는 온갖 종류의 질병에 아이들의 모공을 열어놓아 훗날 어른이 되었을 때 질병의 고통에 시달리게 하려는 것이나 마찬가지다.

　자연을 관찰하고, 자연이 당신에게 제시하는 길을 따르도록 하라. 자연은 끊임없이 아이들을 훈련한다. 자연은 갖가지 시련으로 아이들의 체질을 튼튼하게 만들고 일찍부터 괴로움과 아픔이 무엇인가를 가르친다. 치아가 자랄 때는 열이 나게 하고, 심한 복통은 경련을 불러오며, 오랜 기침은 숨을 막히게 한다. 체내의 벌레들은 아이들을 괴롭히고, 다혈증은 혈액을 오염시키며, 갖가지 균들이 체내에서 들끓어 악성 발진을 일으킨다. 유아기의 아이들은 거의 내내 질병과 위험에 시달린다. 태어난 아이의 절반이 여덟 살이 되기 전에 죽는다. 그러나 이 시련을 견디면 아이들에게는 힘이 생긴다. 이렇게 생명을 유지하는 힘을 이용할 수 있게 되면 생명의 원동력은 더욱 확고해진다.

　이것이 바로 자연의 법칙이다. 그런데 왜 당신은 자연의 법칙을 거역하려 하는가? 그것을 고치려다가 오히려 자연의 일을 파괴하고 자연의 보살핌을 방해하고 있다는 것을 모르는가? 당신은 자연이 신체 내부에서 하는 일을 외부에 그대로 적용하는 것이 위험을 갑절로 늘리는 것이라고 생각하겠지만 실은 그 반대다. 그것은 위험을 분산하고 줄이는 일이다.

우리는 부모의 세심한 보살핌 속에 자란 아이들이 그렇지 않은 아이보다 훨씬 사망률이 높다는 사실을 경험적으로 알고 있다. 체력의 한계를 넘지 않는다면, 아이의 체력이란 아끼는 편보다 사용하는 편이 덜 위험하다. 그러므로 아이들이 언젠가 감당해야 할 손실에 대비하여 그들을 훈련하라. 계절·기후·환경의 혹독함과 허기·갈증·피로를 견딜 수 있도록 그들의 신체를 단련하라. 스틱스의 물속에 몸을 넣어 적시게 하라. 신체에 습관이 배기 전이라면 우리는 원하는 대로 아이에게 별 위험 없이 습관을 부여할 수 있다. 그러나 한번 몸이 굳어지면 모든 변화는 아이에게 위험한 것이 된다.

어른이라면 견딜 수 없을 변화도 아이는 견딜 수 있다. 아이의 근육은 말랑하고 유연해서 힘들이지 않고 형태를 바로잡을 수 있는 반면, 어른의 근육은 굳어 있어 무리한 힘을 가하지 않고서는 이미 형성된 구조를 바꿀 수가 없다. 따라서 아이의 생명이나 건강을 위험하게 하지 않고도 아이를 튼실하게 만들 수 있다. 설령 얼마간의 위험이 따른다 해도 주저하지 말라. 인간사에는 어차피 수많은 위험이 있으니, 가장 피해가 적은 시기에 그것을 겪게 하는 것이 오히려 나을 수 있다.

어린아이는 커갈수록 더 소중한 존재가 된다. 태어나면서부터 지닌 가치에 그를 향한 보살핌의 가치가 더해지기 때문이다. 생명이 소멸될 수 있다는 사실을 느끼기 시작하면서부터 아이의 마음속에는 죽음의 감정이 덧붙는다. 따라서 아이의 생명을 보호하려 할 때 우리가 무엇보다 유념할 것은 아이의 앞에 펼쳐질 미래다. 아이가 청년기에 이르기 전에, 그때 겪을 고통에 대비할 수 있도록 미리 무장시켜야 한다. 만약 생명의 가치가 그것을 충분히 유용하게 이용할 수 있는 나이로 자랄 때까지 커지는 것이라면, 유년기 때 얼마간의 고통을 면하게 해주고 이성이 작용하는 나이가 되었을 때 고통을 더 많이 겪게 하는 것은 참으로 어리석은 일이 아닌가! 이것이 어찌 스승이 가르칠 일이겠는가?

인간은 살아가는 내내 고통을 겪을 운명이다. 자신의 생명을 보존하려는 노력 그 자체가 고통과 결부되어 있다. 유년기에 육체적인 고통만 겪는 사람은 행복하다. 육체적 고통은 다른 고통에 비하면 훨씬 덜 가혹하고 훨씬 덜 괴로우며, 그 때문에 목숨을 포기하는 경우도 훨씬 드물다. 통풍의 고통 때문에 자살하는 사람은 없다. 인간을 절망하게 만드는 것은 영혼의 고통뿐이다. 우리는 아이들의 처지를 동정하는데, 정작 동정해야 할 것은 우리 어른들의 처지다. 우리의 가장 큰 고통은 우리의 마음에서 비롯한다.

어린아이는 태어나면서 큰 소리로 운다. 그리고 유아기를 울면서 보낸다. 사람들은 아이를 달래기 위해 흔들기도 하고 어르기도 한다. 때로는 울음을 그치게 하려고 위협하거나 때리기도 한다. 우리가 아이의 기분에 맞출 때도 있고, 아이에게 우리의 기분을 맞추라고 요구할 때도 있다. 우리가 아이의 변덕에 따르는 경우도 있고, 아이에게 우리의 변덕을 따르라고 강요하는 경우도 있다. 중간이란 없으며, 명령을 하든지 명령을 받든지 해야 한다.

따라서 어린아이가 터득하는 최초의 관념은 지배와 예속의 관념이다. 말을 배우기 전에 명령하고, 행동할 수 있기 전에 복종한다. 때때로 사람들은 아이가 자신의 잘못을 깨달을 수 있는 능력을 갖기도 전에, 아니 잘못을 저지를 능력을 갖기도 전에 아이에게 벌을 준다. 이렇게 해서 사람들은 아이의 어린 마음에 일찍부터 편견을 심어 넣고 나중에는 그것을 자연의 탓으로 돌린다. 아이를 애써 심술궂게 만들어 놓고는 아이가 심술궂다고 한탄하는 것이다.

어린아이는 이런 방식으로 여자들 손안에서 그녀들의 일시적 기분의 희생물이 된 채 6~7년을 보낸다. 그리고 사람들은 아이에게 이것저것을 가르친 다음, 이를테면 아이가 이해할 수 없는 말이나 아이에게는 아무짝에도 쓸모없는 사물로 기억을 가득 채운 다음, 또 아이에게 인위적으로 심은 편견으로 자연성을 질식시킨 다음, 이 부자연스러운 존재를 가정교사의 손에 넘긴다. 가정교사는 이렇게 인위적 육성이 완성된 아이에게 수많은 것들을 가르쳐 발달을 완성시키는데, 그러면서도 자기 자신을 아는 법, 자기 자신을 활용하는 법, 참되고 올바르게 살아서 자신을 행복하게 만드는 법을 가르치지 않는다.

그리하여 이 아이는 지식은 가득하되 분별력이 없고 육체와 정신이 모두 허약한 노예이자 폭군이 된 채 세상에 내던져져 무능과 오만과 모든 악덕을 드러낸다. 그러면 사람들은 그를 보고 인간의 가련함과 사악함을 한탄한다. 그러나 이것은 우리가 잘못 생각하는 것이다. 그 인간은 우리가 제멋대로 만들어낸 인간이기 때문이다. 자연의 인간은 결코 그렇게 만들어지지 않는다.

그러므로 어린아이가 본래의 모습을 지니고 있기를 원한다면 그가 태어난 순간부터 그것을 유지해주어야 한다. 태어나자마자 그를 맡아 어른이 될 때까지 그의 곁을 떠나지 말아야 한다. 그렇게 하지 않으면 결코 성공하지 못한다. 아이에게 진정으로 젖을 먹여야 할 사람이 어머니인 것처럼, 아이에게 진정으로 가정교사가 되어야 할 사람은 아버지다. 부모는 양육 방식과 각자의 역할에 대해 의견이 일치해야 한다. 어린아이는 어머니의 손에서 아버지의 손으로 건네져야 한다. 아버지의 지식은 세상에서 가장 유능한 스승보다는 부족할지 몰라도, 분별력 있는 아버지가 아이를 교육하는 편이 더 낫다. 재능이 열정을 보완해줄 수는 없지만 열정이 재능을 보완해줄 수는 있기 때문이다.

그러나 아버지들은 사업, 직무, 의무 등으로 정신없다고들 말한다. 그들은 자신들의 의무 중에서 아버지로서의 의무를 제일 뒤로 미룬다.[47] 딱한 노릇이다. 하기야, 두 사람의 결합에서 태어난 아이에게 젖을 먹여 키우기를 싫어하는 아내를 가진 남편이 아이 교육에 소홀한다고 해도 딱히 놀랄 일도 아니다. 단란한 가정보다 아름다운 모습은 없다. 그러나 거기에서 한 획만 부족해도 전체의 조화는 훼손된다. 만약 어머니가 건강하지 못해 아이에게 젖을 먹일 수 없다고 하면, 아버지는 너무 바빠 아이를 가르칠 수 없다고 할 것이다.

부모 곁을 떠나 기숙사나 수도원, 콜레주로 뿔뿔이 흩어진 아이들은 본래 살던 집에 대한 애정을 다른 곳에 쏟을 것이다. 더 정확하게 말하자면, 그들은 어디에도 애착을 갖지 않는 습성을 집으로 가져올 것이다. 형제자매들은 그저 서로의 얼굴이나 알 정도가 되며, 행사가 있어 다 같이 모일 때도 서로 깍듯이 예를 차리며 타인처럼 대할 것이다. 부부 사이에 친밀감이 사라지고 가정에서 인생의 즐거움을 느끼지 못하면 이를 채우려고 바깥세상의 나쁜 풍속에 빠져들게 된다. 이 모든 일이 서로 연관되어 있다는 것을 모를 만큼 어리석은 사람이 어디에 있겠는가.

아버지는 자식을 만들고 키운다고 하지만, 그것만으로는 자기 임무의 3분의 1밖에 다하지 않은 셈이다. 아버지는 아이를, 인류에 대해서는 인간으로, 사회에 대해서는 사회인으로, 국가에 대해서는 시민으로 만들어야 할 의무가 있다. 이 세 가지 빚을 갚을 능력이 있음에도 그렇게 하지 않는 사람은 죄를 짓는 것이며, 그 빚을 절반만 갚는 것은 죄가 더 크다고 할 것이다. 아버지로서의 의무를 다하지 못하는 사람은 아버지가 될 권리가 없다. 가난도 일도 세상에 대한 체면도 자식을 직접 키우고 교육하는 일을 면책할 이유가 되지 못한다. 독자들이여, 내가 지금 하는 말을 믿어도 좋다. 예견하건대 누구든 인간으로서의 도리를 가지고 있으면서도 그토록 신성한 의무를 소홀히 하는 자는 오래도록 자신의 잘못에 대해 쓰라린 후회의 눈물을 쏟게 될 것이며 결코 그 무엇으로도 위로받지 못할 것이다.[48]

그러나 부유한 아버지는, 그의 말을 빌려 너무도 바빠서 도저히 아이를 돌볼 수 없다는 가장은 어떻게 하고 있는가? 그는 돈으로 사람을 사서 자신이 맡아야 할 임무를 떠넘긴다. 돈이면 다 된다고 여기는 비천한 영혼이여! 그대는 돈으로 자식에게 아버지를 사줄 수 있다고 생각하는가? 착각하지 말라. 그대들이 자식에게 사주는 것은 선생님이 아니라 고용인이다. 그는 머지않아 그대의 아들을 제2의 고용인으로 길러낼 것이다.

사람들은 좋은 교사의 자질에 대해 많은 논의를 한다. 내가 요구하는 첫 번째 자질은 절대 돈으로 사고팔 수 있는 사람이 아니어야 한다는 것이다. 이 한 가지만으로도 다른 많은 자질을 추정할 수 있다. 세상에는 너무나 고귀해서 돈을 목적으로 두지 못하는 직업들이 있다. 군인과 교사가 그렇다. 그렇다면 도대체 누가 내 아이를 교육할 것인가? 내가 앞서 말했다시피, 그것은 바로 아버지인 당신 자신이다. 나는 그 일을 할 수 없다. 당신도 못 하겠다고? 그럼 그 일을 대신할 친구라도 만들어두어라. 나로서는 그 밖의 다른 방도를 알지 못한다.

교사! 오, 얼마나 숭고한 영혼인가! 사실 한 인간을 만들기 위해서 우리는 그 아이의 아버지가 되거나 인간 이상의 존재가 되어야 한다. 그런데 그와 같은 일을 당신들은 태연하게 돈으로 고용한 사람에게 맡기려는 것이다.

이 점을 생각하면 할수록 우리는 점점 더 새로운 어려움을 마주한다. 교사는 우선 자신이 가르칠 제자에게 맞는 교육을 받았어야 하고, 하인들은 자신이 모실 주인들에게 맞는 교육을 받았어야 하며, 아이 곁에 있는 모든 사람은 아이에게 끼칠 영향을 미리 경험했어야만 할 것이다. 이런 식으로 끝없이 교육에서 교육으로 거슬러 올라가야만 하는 것이다. 자기 자신이 좋은 교육을 받지 못한 사람이 어떻게 아이를 제대로 교육할 수 있겠는가?

그런 훌륭한 교사를 찾기란 불가능한 일일까? 나도 잘 모르겠다. 오늘날과 같이 타락한 시대에 인간의 영혼이 쌓을 수 있는 덕성이 어느 정도까지인지 누가 알겠는가? 그러나 그런 훌륭한 인물이 있다고 가정해보자. 그가 해야 할 바를 생각해보면 그가 어떤 존재여야 하는지를 알 수 있을 것이다. 내가 예상할 수 있는 것은, 좋은 교사의 자질이 무엇인지를 제대로 알고 있는 아버지라면 교사를 받아들여서 쓰겠다는 생각을 하지 않을 것이라는 점이다. 왜냐하면 그런 교사를 구하는 일이 자신 스스로 교사가 되는 것보다 훨씬 더 힘들기 때문이다. 그럼에도 그 일을 대신할 친구를 만들고 싶어 할까? 차라리 스스로 교사가 되어 자식을 키우는 편이 나을 것이다. 그리하면 외부에서 교사를 구하지 않아도 되며, 자연은 이미 그 일의 절반을 해놓았다고 할 수 있다.

예전에 어떤 사람이 나에게 자기 아들의 교육을 맡아달라고 요청한 적이 있다. 나는 그 사람의 사회적 지위가 높다는 정도만 알았다. 그것은 분명 내게는 크나큰 영광이었으나 나는 그의 요청을 거절했다. 그러나 따지자면 그는 내가 거절한 것에 대해 불평하기보다 나의 사려 깊음에 감사해야 할 것이다. 내가 만일 그의 요청을 받아들여 내 방식에 따라 내키는 대로 교육을 했다면 그 교육은 실패로 돌아갔을 것이다. 만일 내 방식이 성공을 거두었다면 더 나쁜 결과가 나왔을 것이다. 그의 아들은 자신의 신분을 버리고 더 이상 왕자따위가 되지 않으려고 했을 것이기 때문이다.

나는 가정교사의 임무가 얼마나 크고 중요한지 너무나 잘 알고 있고 또한 나의 무능력도 절실히 느끼고 있어서 그와 같은 요청은 결코 받아들일 생각이 없다. 친한 사이여서 그런 제안을 한 것이라면 나는 더욱더 완강히 거절할 것이다.

이 책을 읽고 난 다음에 내게 그런 요청을 할 사람은 별로 없으리라고 생각하지만, 혹시라도 그런 사람이 있다면 나는 그에게 더는 헛수고하지 말라고 부탁하고 싶다. 나는 일찍이 가정교사라는 직업을 충분히 경험해보았으며 내가 그 일에 적합하지 않다는 것을 잘 알고 있다.[49] 설령 그 일을 감당할 수 있는 재능이 나에게 있다 하더라도, 내 처지가 그것을 허락하지 않을 것이다. 나는 내가 진지하게 고민하고 확고하게 결심한 것이라고 믿어줄 만큼 나에 대한 평가나 존중이 충분하지 않아 보이는 사람들에게 이 점을 공개적으로 알릴 필요가 있다고 생각했다.

교사라는 더없이 유익한 임무를 수행할 수 없는 처지이므로, 나는 조금이나마 더 쉽게 할 수 있는 일을 시도해보려 한다. 즉 다른 많은 사람들의 본보기를 따라서, 실제로 교육에 종사하기보다 펜으로 그 일을 해보는 것이다. 해야 할 일을 실천에 옮기는 대신 그것을 글로 써보려는 것이다.

나는 이런 종류의 기획에서, 저자가 정작 자신은 실행할 수 없는 이론 체계에 안주해 있으면서 따르기 힘든 많은 교훈을 무질서하게 늘어놓는가 하면, 저자가 말한 바대로 실행할 수 있는 것도 사례를 제시하지 않음으로써 세목細目이나 선례의 부족으로 탁상공론에 그친다는 사실을 잘 알고 있다.

그래서 나는 가상의 제자를 한 명 만들었다. 또 내가 그를 교육하는 데 적합한 나이, 건강 상태, 지식수준을 비롯한 모든 재능을 가졌다고 가정했다. 그리고 그가 태어났을 때부터 한 사람의 성인이 되어 자신 외에 다른 안내자가 필요하지 않을 때까지 그를 교육해보기로 했다. 이 방법은 자신의 능력을 믿지 못하는 저자가 실현될 가망이 없는 생각에 사로잡혀 방황하는 것을 막는 데 유용할 것이다. 저자가 관행적으로 이루어지는 교육을 벗어나려 할 때, 시도해볼 수 있는 방법은 제자에게 자신의 방법을 적용해보는 것뿐이다. 그러면 이 방법이 아이의 발달과 인간 마음의 자연스러운 성장에 적합한지가 저자와 독자에게 바로 드러날 것이다.

　바로 이것이 내가 수많은 어려움 속에서 시도한 것이다. 나는 이 책을 쓰면서 쓸데없이 부피만 늘리지 않기 위해 누구나 진리라고 느낄 수 있는 원칙을 제시하는 것에 만족했다. 그러나 근거가 되어야 할 규칙들은 모두 나의 에밀과 다른 예들에 적용하여, 내가 세운 체계가 어떻게 실행될 수 있는지를 광범위하고도 구체적인 세부 사항들을 통해 설명했다. 아무튼 이상이 내가 따르기로 작정한 방침이다. 그것의 성공 여부는 독자의 판단에 맡긴다.

　나는 이 책의 앞부분에서 에밀에 대한 이야기를 꺼내지 않았다. 내 교육 방법을 아이에게 처음 적용할 때의 준칙들은 지금까지 세상에서 행해진 것과는 상반되지만, 합리적인 사람이라면 받아들이지 않을 수 없는 명백한 것이기 때문이다. 그러나 교육이 진행됨에 따라 내 제자는 당신의 제자와는 다른 방식으로 지도를 받아 보통의 어린아이와는 다른 어린아이가 될 것이며, 따라서 그를 위한 특별한 관리가 필요해진다. 그래서 에밀은 앞으로 더 자주 무대에 등장할 것이며, 나는 교육의 마지막 단계에 이르러 그에게 내가 전혀 필요하지 않게 될 때까지 잠시도 눈을 떼지 않고 지켜볼 것이다.

여기서 나는 훌륭한 교사의 자질에 대해서는 언급하지 않겠다. 나는 내가 그 자질을 모두 갖추었다고 다시금 가정한다. 이 책을 읽으면서 독자는 내가 나 자신에 대해 얼마나 많은 자질을 부여했는지 알게 될 것이다.

여기서 나는 일반적인 견해와 다른 한 가지를 꼭 집어 말해두고 싶은데, 어린아이를 교육할 교사는 젊어야 한다는 것이다. 현명하기만 한다면 최대한 젊을수록 좋다. 가능하다면 교사 자신이 어린아이가 되고, 제자의 친구가 되어 함께 즐김으로써 그의 신뢰를 얻을 수 있으면 좋다. 어린아이와 장년기의 어른 사이에는 공통점이 많지 않아서 둘의 차이를 메울 만한 확고한 애착심이 형성되기 어렵다. 아이들은 때때로 노인들의 비위를 맞추기도 하지만 결코 그들을 사랑하지는 않는다.

사람들은 아이를 교육해본 경험이 있는 교사를 원하지만 이는 무리한 요구다. 한 사람의 교사는 한 번의 교육밖에 할 수 없다. 만일 두 번째 교육에서나 성공할 수 있는 사람이라면, 무슨 권리로 첫 번째 교육을 맡았단 말인가?

경험이 풍부하면 더 좋은 방법은 알겠지만 더 이상 하려고 하지 않을 것이다. 한번 이 일을 충분히 잘 수행하여 거기에 따르는 고충을 느껴본 사람이라면 누구건 이 일을 두 번 다시 하지 않으려 할 것이며, 만약 처음 그 일에 실패한 사람이라면 그것은 두 번째의 일에 대한 나쁜 선례가 될 것이기 때문이다.

나는 4년 동안 어린아이를 보살피는 일과 25년 동안 그 아이를 교육하는 일에는 분명히 큰 차이가 있다고 생각한다. 당신은 이미 다 자란 아들에게 교사를 붙인다. 그러나 나라면 아들이 태어나기 전에 교사를 정해둘 것이다. 당신의 교사는 5년마다 제자를 바꿀 수 있지만, 나의 교사는 한 명의 제자만을 둘 것이다. 당신은 교사와 스승을 구분한다. 이 역시 어리석은 짓이다.

당신은 학생과 제자를 구분하는가? 아이들에게 가르쳐야 할 학문은 오직 인간의 의무에 대한 것이다. 이 학문은 오직 하나뿐인 것이며, 크세노폰[50]이 페르시아인의 교육에 대해 무슨 말을 했건, 이 학문은 분할될 수 없다. 그러므로 나는 이 학문을 가르치는 이를 교사라기보다 스승이라고 부르고 싶다. 지식을 가르치는 것보다 아이를 이끄는 것이 중요하기 때문이다. 아이에게 가르침을 주어서는 안 된다. 스스로 그것을 찾도록 해주어야 한다.

스승을 선택하는 데 그처럼 세심한 주의가 필요하다면 스승에게도 제자를 선택할 수 있도록 해주어야 마땅하다. 특히 교육의 한 모델을 제시하고자 할 때에는 더욱 그렇다. 이 선택은 아이의 재능이나 성격에 기준을 두어서는 안 된다. 그 아이의 재능이나 성격은 교육이 끝난 후에야 비로소 알 수 있는 것이며, 나는 태어나기 전의 아이를 제자로 삼을 것이기 때문이다. 나에게 선택권이 주어진다면 나는 평범한 아이를 택할 것이다. 내가 나의 제자로 가정하는 아이는 바로 그런 아이다. 교육이 필요한 대상은 평범한 사람들이다. 비슷한 부류의 사람들에게 실제의 사례가 될 것이기 때문이다. 평범하지 않은 이들은 교육의 유무와 상관없이 제 스스로 성장한다.

사람의 인격 형성은 그가 성장한 곳과 관계가 있다. 인간은 온화한 풍토 속에서만 자신의 가능성을 온전히 발휘할 수 있기 때문이다. 열대나 한대 같은 극단적인 풍토에서는 이만저만 불리한 것이 아니다. 인간은 나무처럼 한곳에 영원히 머물러 살지 않는다. 한쪽 극지방에서 다른쪽 극지방으로 가려는 사람은 중간 지점에서 출발하는 사람보다 두 배의 길을 가야 한다.

온대 지방에 사는 사람이 번갈아 열대와 한대 지방으로 가려고 한다면 확실히 유리한 점이 많다. 비록 극지방에서 다른 극지방으로 가는 사람만큼 그도 동일한 변화를 겪기는 하겠지만, 본래 그가 지닌 체질에서 반 정도만 벗어나면 되기 때문이다. 프랑스인은 기니[51]나 라플란드[52]에서도 살 수 있지만 흑인은 토르니오[53]에서 살 수 없을 것이고, 사모예드족[54]은 베냉[55]에서 살 수 없을 것이다. 이뿐만 아니라 두 극지방에 사는 사람들은 뇌의 조직도 비교적 완전하지 못한 것 같다. 흑인도 라플란드인도 유럽인의 인지 능력을 갖고 있지 못하다. 나는 나의 제자가 지구의 주민이 되기를 원하므로 그를 온대 지방에 살게 할 것이다. 이를테면 그 어떤 곳보다 프랑스에 살면 좋겠다.

북쪽 지방의 사람들은 척박한 땅에서 너무 많은 에너지를 소모하고 남쪽 지방의 사람들은 비옥한 땅에서 에너지를 거의 쓰지 않는다. 바로 여기서 또 다른 차이가 발생한다. 북쪽 사람들은 근면한 인간이 되고, 남쪽 사람들은 사색하는 인간이 되는 것이다. 사회에서는 이런 양상이 같은 곳에 사는 빈자와 부자 사이에 나타난다. 전자가 척박한 땅의 주민이라면, 후자는 비옥한 땅의 주민인 것이다.

가난한 사람은 교육을 받을 필요가 없다. 가난이라는 상태 자체가 그를 강제로 교육하기 때문에 그 밖의 교육이 필요 없는 것이다. 반면에 부자가 부유한 상태에서 받는 교육은 그 자신을 위해서나 사회를 위해서나 더없이 적절하지 않은 교육이다. 자연의 교육은 인간을 모든 인간 조건에 적응하도록 만들어야 한다. 그런데 가난한 자를 부자가 되도록 키우는 것은 부자를 가난한 자가 되도록 키우는 것보다 순리에 맞지 않다. 왜냐하면 두 신분에 속한 사람들의 수를 비교해 볼 때 새롭게 부자가 되는 사람보다 부자에서 빈자로 몰락하는 사람이 더 많기 때문이다. 따라서 나는 부자 중에서 나의 제자를 선택하기로 하겠다. 그러면 적어도 인간을 한 명이라도 확실히 만들어낼 수 있을 것이다. 가난한 사람은 자신의 힘으로 인간이 될 수 있으니까 말이다.

같은 이유로 나는 에밀이 명문가의 자제라 하더라도 개의치 않을 것이다. 어쨌든 편견으로부터 희생자 한 명을 구해낼 수 있는 셈이기 때문이다.

에밀은 고아다. 물론 부모가 있어도 상관없다. 나는 부모의 의무를 떠맡으면서 그들의 모든 권리도 인계받은 것이다. 에밀은 자신의 부모를 공경해야 하지만 나 이외의 사람을 따라서는 안 된다. 이것이 내가 제시하는 첫 번째 조건, 아니 유일한 조건이다.

하지만 나는 여기에 또 하나의 조건을 덧붙이겠다. 그것은 앞의 조건에 뒤따르는 것인데, 상호 동의 없이는 우리 두 사람을 결코 떨어뜨려놓을 수 없다는 것이다. 이 조항은 대단히 중요하다. 더 나아가 나는 제자와 교사가 서로를 분리될 수 없는 존재로 여겨 두 사람의 운명이 서로의 공동 목표가 되기를 바라고 있다.

먼 훗날 두 사람이 서로 헤어질 것을 예상하고 남남이 될 시기를 예측하는 순간, 그들은 이미 헤어진 셈이다. 그렇게 되면 두 사람은 각자 자신의 작은 세상을 만들고, 헤어지는 날만을 생각하며 마지못해 함께 있을 뿐이다. 학생은 선생을 유년기의 표식이나 성가신 존재로밖에 여기지 않고, 선생은 학생을 어깨에서 빨리 내려놓고 싶은 무거운 짐으로만 여긴다. 그리하여 그들은 서로에게서 해방될 날만을 학수고대한다. 둘 사이에 참된 애정이라고는 조금도 없기 때문에, 선생은 학생에 대한 주의를 게을리하고 학생은 선생의 말을 잘 듣지 않는다.

그러나 두 사람이 서로를 일생을 함께하는 존재로 생각하면 서로 좋은 감정을 갖는 것이 중요해지고, 그 때문에 소중한 사이가 된다. 제자는 어른이 되어서도 친구로 남을 수 있는 사람을 유년기에 만났다는 사실을 전혀 부끄러워하지 않을 것이다. 교사는 장차 결실을 거둘 교육에 관심을 쏟을 것이며, 그가 제자에게 베푸는 공덕은 모두 자신의 노후를 위한 투자가 될 것이다.

아이가 태어나기 전에 미리 맺어지는 이 계약은 순조로운 출산과 좋은 체격의 씩씩하고 건강한 어린아이를 전제한다. 보통의 아버지는 신이 그에게 주시는 가족을 선택할 수 없으며, 가족 중 누구를 편애해서도 안 된다. 자식은 모두 똑같이 그의 자식이다. 아버지는 자식들 모두에게 똑같은 정성과 애정을 베풀어야 한다. 자식이 불구든 아니든, 허약하든 건강하든, 그에게 자식은 모두 신께 보고할 의무가 있는 위탁물이다.

또 결혼은 배우자와의 계약인 동시에 자연과의 계약이다.

그러나 자연이 그에게 부과하지 않은 의무를 스스로 짊어지려는 사람은 그것을 수행할 수단을 미리 확보해두어야 한다. 그렇지 않으면 자신이 할 수 없는 일까지도 책임지게 된다. 병약하고 불구인 제자를 맡은 사람은 교사의 직분이 간호인의 직분으로 바뀌고, 생명의 가치를 드높이기 위해 사용해야 할 시간을 희망 없는 생명을 돌보는 데 헛되이 쓰고 만다. 나중에 아이가 죽기라도 하면 오랫동안 보호해준 보람도 없이 비탄에 잠긴 어머니로부터 원망만 듣게 될 것이다.

나는 병들고 허약한 아이라면 설령 그가 80세까지 산다고 해도 맡지 않을 작정이다. 나는 그 자신에게나 다른 사람들에게 아무런 도움이 되지 못하는 제자는 결코 받고 싶지 않은데, 그런 제자는 오로지 자신을 보호하는 데만 몰두해서 신체가 정신의 교육을 방해한다. 그를 위해 쓸데없는 정성을 쏟아봤자 사회의 손실만 배가 될 것이고, 그러면 사회로부터 한 사람이 아니라 두 사람을 빼앗는 셈이 되지 않겠는가? 다른 사람이 나 대신 몸이 온전치 못한 이 제자를 맡아준다면 나는 동의할 것이며 그의 자비심을 칭찬할 것이다. 그러나 나의 재능은 그런 일에 맞지 않는다. 나에게는 죽지 않을 생각만 하는 사람에게 사는 법을 가르쳐줄 재주가 전혀 없다.

정신이 육체를 지배하려면 우선 활동력이 왕성해야 한다. 훌륭한 하인은 몸이 튼튼하고 기운이 세야 하는 법이다. 나는 무절제가 정념을 자극한다는 것을 알고 있다. 장기적으로 볼 때 이는 육체를 쇠약하게 만든다. 고행이나 단식도 정반대의 이유로 종종 같은 결과를 초래한다. 육체는 약하면 약할수록 제멋대로 하려 하고, 강하면 강할수록 복종한다. 모든 육욕은 나약한 육체에 깃들고 나약한 육체는 육욕을 만족시키지 못하기 때문에 육체는 갈수록 육욕에 더 예민해진다.

　허약한 육체는 정신을 약하게 만든다. 의술이 막강한 영향력을 발휘하고 있으나, 의술은 자신이 치료할 수 있다고 주장하는 모든 질병보다 인간에게 더 해를 끼치는 기술이다. 나는 의사들이 어떤 병을 치료하는지는 모르지만, 그들이 비겁, 소심, 맹신, 죽음에 대한 공포 등과 같은 훨씬 더 해로운 질병을 우리에게 준다는 것은 알고 있다. 그들이 육체를 치료할지언정 씩씩하고 굳센 기운은 죽이는 것이다. 설령 그들이 시체를 걷게 한들 그것이 우리에게 무슨 소용이 있겠는가? 우리에게 필요한 것은 살아 있는 인간이다. 그런데 우리는 의사의 손에서 인간이 살아 나오는 것을 본 적이 없다.

　오늘날 의술이 크게 유행하고 있다. 당연한 일이다. 의술은 어떻게 시간을 보내야 할지 몰라 자기 몸을 돌보는 데 시간을 쓰는, 한가한 사람들의 오락거리다. 만약 불행하게도 그들이 불멸의 존재로 태어났다면 인간들 중에서 가장 불쌍한 자들이 되었을 것이다. 잃을 염려가 없는 생명은 그들에게 아무 가치도 없을 것이기 때문이다. 그런 인간들에게는 기분에 맞추어 위협도 하고, 그들이 가질 수 있는 유일한 즐거움, 즉 죽지 않고 살아 있다는 즐거움을 날마다 제공할 의사들이 필요하다.

나는 여기서 의술의 무용함에 대해 길게 언급할 생각은 없다. 나의 목적은 단지 의술을 정신적인 측면에서 고찰하려는 것뿐이다. 그럼에도 나는 사람들이 진리의 탐구에서와 같이 의술의 사용에 대해서도 궤변을 늘어놓고 있음을 간과할 수 없다. 사람들은 언제나 환자는 치료하면 낫고, 진리는 탐구하면 발견된다고 생각한다. 그러나 사람들은 의사가 한 명의 환자를 치료해 얻는 이득과 의사가 죽인 백 명의 환자의 죽음을 평가해야 한다는 사실을 모른다. 발견된 진리의 효용성과 그와 동시에 발생한 숱한 오류가 범한 해악을 견주어보아야 한다는 사실 또한 알지 못한다.

사람에게 가르침을 주는 학문과 사람의 병을 치료하는 의술이 대단히 좋은 것임에는 틀림이 없다. 그러나 사람의 일을 그릇되게 하는 학문과 사람을 죽이는 의술은 나쁜 것이다. 그러니 이를 구별하는 법을 배워야 한다. 바로 여기에 문제의 핵심이 있다. 만약 우리가 진리에 무관심할 수 있다면 우리는 결코 거짓에 속지 않을 것이다. 또한 우리가 자연을 거스르면서까지 병을 고치려 들지 않는다면 우리는 결코 의사의 손에 죽지 않을 것이다. 이 두 가지 절제를 할 수 있는 사람은 현명하다. 그렇게 하면 분명 이득을 얻을 것이다. 따라서 나는 의술이 몇몇 사람들에게 유익하다는 사실에 토를 달지 않겠다. 다만 의술이 인류 전체에게는 유해하다는 점을 말해두고 싶다.[56]

사람들은 늘 그렇듯, 잘못이란 의사가 저지르는 것이지 의술 그 자체에 있는 것은 아니라고 말할 것이다. 좋다. 그렇다면 의사 없이 의술이 행해져야 한다. 왜냐하면 의술과 의사가 함께하는 한, 의술에 대한 기대보다 의사의 실수에 대한 두려움이 백 배는 더 클 것이기 때문이다.

육체의 병보다는 정신의 병을 위해 생겨난 이 기만적 기술은 그 어느 쪽에도 더는 유익하지 않다. 그것은 우리의 병을 고쳐주기보다 우리에게 병에 대한 공포심을 심어주고, 죽음을 멀어지게 하기보다 죽음을 미리 느끼게 하며, 생명을 연장하기는커녕 생명을 소모시킨다. 설령 생명을 연장한다 해도 그 역시 인류에게 해를 끼칠 우려가 있다. 우리는 의술이 강요하는 치료 때문에 사회로부터 격리되고, 의술이 심은 공포 때문에 의무를 소홀히 할 것이기 때문이다.

우리가 위험을 두려워하는 것은 위험을 알기 때문이다. 자신이 불사신이라고 믿는 사람은 아무것도 두려워하지 않는다. 고대 그리스의 시인은 아킬레우스[57]를 위험에 대비해 너무도 잘 무장시키는 바람에 그가 지닌 용기의 가치를 빼앗아버렸다. 아킬레우스와 같은 조건에서라면 누구나 아킬레우스가 되었을 것이기 때문이다.

진실로 용기 있는 사람을 찾으려거든 의사들이 없는 곳, 사람들이 병의 결과를 알지 못하며 죽음을 거의 생각하지 않는 곳에서 찾으라. 인간은 본래 끈질기게 고통을 견뎌내고 평화롭게 죽어간다. 인간의 마음을 비열하게 만들고 인간이 죽는다는 사실을 잊게 만드는 것은 의사의 처방과 철학자의 교훈과 사제들의 설교다.

나는 이런 이들이 필요 없는 제자를 원한다. 그렇지 않은 제자는 사양하겠다. 나는 다른 사람들이 내 작품을 망치는 것을 결코 바라지 않는다. 나는 그를 혼자서 교육하고 싶다. 그렇게 할 수 없다면 아예 손을 뗄 것이다. 삶의 일부를 의학 연구에 바친 현자 로크는 병의 예방이나 가벼운 병 때문에 아이에게 약을 먹이는 일은 삼갈 것을 강력히 권고했다. 더욱이 나 자신과 에밀을 위해서도 목숨이 위태롭지 않는 한, 결코 의사를 부르지 않을 작정이다. 목숨이 위중한 상황이라면, 의사도 그를 죽이는 것보다 더 나쁜 조치를 취할 수 없을 테니까 말이다.

이처럼 늦게 의사를 부르면 의사로서도 내세울 수 있는 이점이 있다는 것을 나는 잘 알고 있다. 만약 아이가 죽는다면 사람들은 의사를 너무 늦게 불렀기 때문이라 할 것이고, 용케 아이가 살아난다면 의사가 아이의 생명을 구했다고 할 테니까. 아무래도 좋다. 의사가 기고만장해도 좋다. 어쨌든 최악의 상황이 아니면 의사는 부르지 말아야 한다.

어린아이는 병을 고치는 방법을 스스로 알지 못한다. 그러니 병에 대처하는 방법은 배워야 한다. 그것이 의사의 기술을 대신해 종종 더 좋은 결과를 가져오기도 한다. 이것은 자연의 기술이다. 동물은 병에 걸리면 묵묵히 고통을 견디며 꼼짝도 하지 않는다. 그러나 인간은 노심초사한다. 시간이 지나면 저절로 나을 병인데, 초조와 공포와 불안으로, 특히 약으로 인해 얼마나 많은 사람들이 죽었던가! 사람들은 동물이 인간보다 더 자연에 순응하는 방식으로 살기 때문에 당연히 병에 걸리는 일이 적다고 말할 것이다. 옳은 말이다. 나는 바로 그런 생활방식을 제자에게 가르치려는 것이다. 그렇게 하면 그도 동물과 같은 이득을 얻을 것이다.

의술의 영역에서 단 하나 유익한 분야가 있다면 건강 관리법이다. 하지만 그것은 학문이라기보다 미덕에 가까운 것이다. 인간에게 필요한 참된 의사는 절제와 노동이다. 노동은 인간의 식욕을 돋우고, 절제는 지나친 식욕을 방지한다.

생명과 건강에 어떤 관리법이 유익한지를 알려면 가장 건강하고 가장 튼튼하며 가장 장수하는 나라의 사람들이 어떤 방법을 쓰는지 살펴보는 것으로 충분하다. 만약 폭넓게 관찰해보았는데도 의술의 이용이 인간을 더 건강하게 하거나 더 장수하게 한다는 사실이 발견되지 않으면, 의술은 유익하지 않다는 사실만으로도 유해한 것이다. 왜냐하면 그것으로 인해 시간과 사람과 사물이 아무런 쓸모 없이 허비되기 때문이다.

　생명을 보존하기 위해 시간을 보내면 그만큼 생명을 즐길 시간을 버리는 것이기 때문에 그 시간은 생명에서 제외해야 한다. 나아가 그 시간이 우리를 고통스럽게 한다면, 그것은 무가치한 정도를 넘어서 완전히 마이너스인 것이다. 그러므로 공정하게 계산하자면 우리의 남은 시간에서 그만큼을 빼야 한다. 의사의 도움 없이 10년을 산 사람은 의사의 희생물로 30년을 산 사람보다 자기 자신을 위해서나 남을 위해서나 더 오래 산 셈이다. 나는 양쪽을 다 경험해보았기 때문에 그 누구보다 이런 결론을 내릴 자격이 있다고 생각한다.

　이상이 내가 튼튼하고 온전한 제자만을 원하는 이유이며, 일관되게 주장하는 원칙이다. 체질과 건강을 강화하려 할 때 육체를 직접 움직이는 노동과 육체의 단련이 얼마나 유익한지에 대해서는 길게 설명하지 않겠다. 이 점에 대해서는 이론의 여지가 없기 때문이다. 가장 장수한 사람들의 예를 보면, 거의 모두가 육체를 많이 단련하고 가장 많은 피로와 노동을 견뎌낸 사람들이다.[58] 나는 장수라는 하나의 주제에 대해 내가 얼마나 많은 주의를 기울일 것인가에 대해 세세하게 설명하지는 않을 것이다. 뒤에서 다루겠지만, 그것은 내가 실제로 행할 교육 속에 필수적으로 포함될 것이기 때문에, 그 취지만 충분히 파악된다면 다른 설명은 필요치 않을 것이다.

　생명의 탄생과 함께 여러 욕구가 생겨난다. 신생아에게는 유모가 필요하다. 어머니가 자신의 의무를 수행한다면 그보다 더 좋은 일은 없다. 이때는 어머니에게 전할 여러 지침을 글로 써주어야 할 것이다. 어머니가 아이에게 직접 젖을 먹이는 방식에는 장점도 있지만 단점도 있다. 교사를 제자로부터 일부분 떼어놓아야 하기 때문이다. 그러나 아이를 아끼는 마음과 그토록 소중한 아이를 기꺼이 맡길 사람에 대한 존경심에서, 어머니는 스승의 의견에 주의를 기울일 것이다. 무슨 일이든 어머니가 마음을 먹으면 다른 누구보다도 더 잘해낼 것임은 말할 필요도 없다. 하지만 만약 유모가 필요한 상황이라면, 우선 좋은 유모를 선택하는 일부터 시작하자.

부유한 사람들의 불행 중 하나는 모든 일에 잘 속는다는 것이다. 그들에게 사람을 보는 눈이 없다는 것은 그리 놀랄 일이 아니다. 그들을 타락시키는 것은 그들의 부다. 그리고 그 당연한 결과로서 자신들이 아는 유일한 수단의 결점을 누구보다도 먼저 깨닫게 된다. 그들의 가정에서는 자신들이 직접 하는 일 외에는 무엇 하나 제대로 이루어지지 않는다. 그런데 그들은 집에서 거의 아무것도 하지 않는다.

유모를 구할 때도 그들은 산파를 시킨다. 그 결과 무슨 일이 일어나는가? 산파에게 뇌물을 가장 많이 바친 여자가 가장 훌륭한 유모가 된다. 그러므로 나는 에밀의 유모를 구할 때 산파와 의논하지 않고 직접 고를 것이다. 이때 나는 외과의사처럼 능란하게 따져보지는 못하겠지만 훨씬 더 성실하게 임할 것임은 분명하다. 나의 열성이 산파의 탐욕보다는 덜 그릇된 처신을 하게끔 만들 것이다.

유모를 선택하는 데 무슨 대단한 비결이 있는 것은 아니다. 선택의 기준은 이미 알려져 있다. 그러나 나는 젖의 질과 마찬가지로 수유의 시기에 대해서도 더 주의를 기울여야 하는지 어떤지는 잘 모르겠다. 처음에 나오는 젖은 아주 묽다. 그것은 식욕을 돋우는 음료와 같은 역할을 해 갓 태어난 아이의 장 속에 두텁게 남아 있는 배내똥을 말끔히 배설시킬 것이다. 젖은 차츰 농도가 진해지면서, 소화력이 강해진 아이에게 한층 더 밀도 있는 영양을 제공한다. 모든 포유류의 젖의 농도가 새끼의 발육에 따라 자연적으로 달라지는 것이다 그럴 만한 이유가 있는 것임은 확실하다.

그래서 신생아에게는 아이를 갓 낳은 유모가 필요한 것이다. 이것이 곤란한 일이라는 것은 나도 안다. 그러나 자연의 질서에서 일단 벗어나게 되면 매사를 제대로 해내는 데 곤란하지 않은 것이 없다. 곤란을 면하는 유일하고 편리한 방책은 적당히 하는 것이다. 많은 사람들이 그렇게 한다.

유모는 신체뿐만 아니라 마음도 건강해야 한다. 정상이 아닌 불순한 체질과 마찬가지로, 무절제한 정념도 유모의 젖을 변질시킬 수 있다. 아울러 신체의 건강만 고려한다면 그것은 유모의 절반만을 보는 셈이다. 유모의 젖이 좋더라도 인성은 나쁠 수 있다. 좋은 성격은 좋은 체질만큼 중요하다. 성격이 나쁜 여자를 유모로 두면 젖을 먹는 아이도 그녀의 성격에 물들 것이라고 말할 수는 없지만, 아이가 그 때문에 고통을 받으리라는 것은 확실하다. 그녀는 젖을 먹이는 것과 함께 열성과 인내와 상냥함과 청결을 요하는 온갖 보살핌을 베풀어야 하지 않는가. 만약 유모가 음식을 탐내어 폭식한다면 그녀의 젖은 곧 나빠질 것이다. 그녀가 성질이 급하거나 게으르다면, 자신을 방어할 수도 없고 불평도 할 수 없는 불쌍한 아이는 유모의 손아귀 안에서 어떻게 되겠는가. 무슨 일을 하든 나쁜 인간은 결코 옳은 구실을 못 하는 법이다.

유모의 선택이 중요한 또 하나의 이유는, 아이가 자신의 교사 외에 다른 선생을 가져서는 안 되는 것처럼, 유모 외에 다른 보모를 가져서도 안 되기 때문이다. 이것은 우리보다 이치를 따지는 데는 서투르지만 더 현명했던 고대인들의 관습이다. 유모는 젖을 주는 임무가 끝난 다음에도, 아이가 여자아이인 경우 곁을 떠나지 않았다. 고대인들의 연극에서 비밀 이야기를 들어주는 상대가 대부분 유모인 것은 바로 이러한 까닭이다.

여러 사람의 손을 거친 아이가 훌륭하게 자라기란 불가능하다. 사람이 바뀔 때마다 아이는 마음속으로 은근히 비교를 하게 되는데, 이런 비교는 양육하는 사람에 대한 존경심을 약화하고 결과적으로 그들의 권위를 떨어뜨리게 된다. 만일 아이가 자기보다 분별력이 없는 어른들이 있다고 생각하게 되면, 나이가 갖는 모든 권위는 사라지고 교육은 실패로 돌아간다. 어린아이는 자신의 아버지와 어머니보다 더 윗사람이 있다는 사실을 알아서는 안 된다. 아이가 부모의 보살핌을 받지 못하는 경우에는 유모와 교사 외에는 모르는 편이 낫다. 아니 둘 중 한 사람만 있어도 충분하다. 그러나 역할의 분담은 불가피한데, 이 문제를 보완할 수 있는 최선의 방법은 아이를 양육하는 남녀의 의견이 완전히 일치하여 아이가 두 사람을 한 사람인 것처럼 느끼게 하는 것이다.

유모는 아이를 맡기 전보다 조금 더 안락하게 생활하고 영양가 있는 음식을 먹어야 하지만, 그렇다고 생활방식을 완전히 바꿔서는 안 된다. 비록 나쁜 상태에서 좋은 상태로 바뀌는 것이라 하더라도 급작스럽고 전적인 변화는 언제나 건강에 좋지 않기 때문이다. 더구나 그녀는 평소 따라온 건강 관리법으로 건강하고 튼튼하게 생활했는데, 무엇 때문에 이를 바꾼단 말인가.

농촌 여자들은 도시 여자들보다 고기를 덜 먹고 야채를 더 많이 먹는다. 이러한 야채 위주의 식생활은 그녀들 자신에게나 아이들에게나 해롭기보다는 오히려 이로운 듯하다. 농촌 여자가 부르주아 가정의 유모가 되면 사람들은 그녀에게 포토프pot-au-feu[59]를 준다. 그들은 이런 수프와 고기 삶은 국물이 좋은 유미乳糜[60]를 만들고 젖을 많이 돌게 한다고 믿는다. 나는 이 생각에 전적으로 반대한다. 나는 이런 젖을 먹고 자란 아이가 다른 아이보다 설사를 많이 하고 기생충에 취약하다는 것을 경험으로 알고 있다.

이는 그리 놀랄만한 일이 아니다. 동물성 물질은 부패하면 기생충이 들끓기 때문이다. 식물성 물질에는 그런 일이 일어나지 않는다. 젖은 동물의 체내에서 만들어지는 것이지만 일종의 식물성 물질이다.[61] 젖을 분석해보면 이러한 사실이 증명된다. 젖은 쉽게 산성으로 변하며, 동물성 물질처럼 암모니아를 발생시키지 않고 식물처럼 몸에 없어서는 안 될 중성 염분을 제공한다.

초식동물의 젖은 육식동물의 젖보다 더 부드럽고 건강에도 좋다. 자신의 성분과 동일한 것으로 만들어지기 때문에 그 본래의 성질을 잘 보존하고 있고, 부패하는 경우도 적다. 양으로 보더라도 전분질을 포함한 식물성 음식이 고기보다 많은 혈액을 만들어낸다는 것은 누구나 다 아는 사실이다. 따라서 젖도 많이 만들어낼 것이 분명하다. 너무 일찍 젖을 떼지 않거나, 젖을 떼는 시기에 식물성 음식만 섭취하고 유모도 채식만 한다면, 어린아이가 기생충에 시달리는 일은 결코 없으리라고 나는 확신한다.

식물성 음식이 금방 시큼해지는 젖을 만들어 낼 수도 있다. 그러나 나는 시큼한 맛의 젖이 건강에 좋지 않다고 생각하지 않는다. 다른 것은 먹지 않고 그런 젖만 먹고 자라는 지역의 사람들이 모두 아주 건강하니 말이다.

그리고 나는 이른바 희석제[62] 따위는 순전히 속임수라고 생각한다. 젖이 맞지 않는 체질의 아이도 있는데, 이때는 어떤 희석제도 소용이 없다. 그 밖의 아이들은 희석제를 사용하지 않아도 젖을 먹을 수 있다. 희석제를 사용하지 않으면 젖에 유막이 생기거나 응고될 것이라 걱정하는 사람들이 있다. 참으로 바보 같은 생각이다. 젖은 위 속에서 언제나 응고되기 마련이다. 그래야만 어린아이나 동물이 자라는 데 충분한 영양식이 되는 것이다. 만약 젖이 전혀 응고되지 않는다면, 체내를 그대로 통과해버려서 영양을 공급하지 못할 것이다.[63] 온갖 방법을 동원하여 젖에 다른 액체를 섞거나 수많은 희석제를 사용해봤자 다 쓸데없는 짓이다. 젖을 먹는 아이라면 누구든 치즈를 소화시킬 수 있다. 여기에는 예외가 있을 수 없다. 위는 젖을 잘 응고시킬 수 있다. 그래서 송아지의 위 같은 곳에서 응유효소[64]가 만들어지는 것이다.

그러므로 나는 유모들이 평소에 먹던 음식을 바꾸는 대신, 그들에게 같은 종류로 좀 더 많이, 좀 더 질이 좋은 음식을 제공하면 된다고 생각한다. 고기 없는 식사가 변비를 일으키는 것은 음식물 본래의 성질 때문이 아니다. 어떤 음식을 몸에 유해하게 만드는 것은 오직 음식의 맛을 내는 방법 때문이다. 그러니 조리 방법을 개선하라. 루roux[65]나 튀김 기름을 사용하지 말라. 버터, 소금, 유제품에 열을 가해서는 안 된다. 물에 데친 야채는 뜨거울 때 식탁으로 옮겨서 양념을 하라. 고기

없는 식사는 유모에게 변비를 일으키기는커녕 양질의 풍부한 젖을 만들어줄 것이다.[66] 야채 위주의 식사가 어린아이에게 가장 좋다고 알려져 있는데, 유모에게 어떻게 고기 위주의 식사가 가장 좋을 수 있겠는가? 이런 주장은 모순이다.

공기가 어린아이의 체질에 영향을 미치는 시기는 특히 출생 후 몇 년 동안이다. 공기는 모든 모공을 통해 섬세하고 부드러운 피부 속으로 스며들어, 갓 태어난 아이의 몸에 큰 영향을 미치며, 평생 사라지지 않는 흔적을 남긴다. 그러므로 나는 농촌에서 데려온 여자를 도시의 방에 가두고 아이에게 젖을 먹이겠다는 생각에 찬성할 수 없다. 나는 유모에게 도시의 나쁜 공기를 마시게 하는 것보다는 차라리 어린아이를 시골로 보내 맑은 공기를 마시게 하는 편이 더 낫다고 생각한다. 그러면 아이가 새로운 어머니의 생활환경을 받아들여 시골집에서 살게 될 것이며, 교사도 그를 따라가게 될 것이다.

독자는 이 교사가 돈으로 고용된 사람이 아니라 아버지의 친구라는 사실을 잘 기억하고 있을 것이다. 그러나 그런 친구가 없고 시골로 옮겨가는 것도 쉽지 않을 경우, 또는 내가 권한 것이 모두 불가능할 경우엔 어떻게 해야 하느냐고 내게 물을 것이다. 그 점에 대해선 내가 이미 말한 바 있다. 여러분이 지금 하고 있는 대로 하면 된다. 그 이상의 충고는 필요 없을 듯하다.

인간은 개미 무리처럼 우글거리며 모여 사는 존재가 아니다. 인간은 그들이 경작해야 할 대지 위에 흩어져 사는 존재다. 인간은 모이면 모일수록 더 타락한다. 신체의 장애도 정신의 악덕과 마찬가지로 너무 많은 인간들이 모여 사는 탓에 발생하는 필연적인 결과다. 인간은 모든 동물 가운데 무리지어 살기에 가장 적합하지 않은 동물이다. 인간이 양들처럼 빽빽하게 모여 산다면 금세 모두 사라져버릴 것이다. 인간이 내쉬는 숨은 다른 인간에게 치명적이다. 이것은 비유적 의미에서뿐만 아니라 문자 본래의 의미에서도 그러하다.

도시는 인류가 좀처럼 빠져나오기 힘든 구렁이다. 도시에 사는 족속들은 몇 세대 지나지 않아 소멸하거나 쇠퇴할 것이다. 그들을 갱생의 길로 인도해야 하는데, 그 역할을 할 수 있는 것이 시골이다. 그러므로 당신의 아이를 시골로 보내라. 말하자면 본디의 옳은 생활로 스스로 되돌아갈 수 있도록 하라. 많은 사람이 밀집해 사는 곳의 해로운 공기 속에서 잃어버린 활력을 들판 한가운데서 되찾게 해주어라. 시골에 있는 임산부들은 출산을 위해 서둘러 도시로 돌아온다. 그러나 그녀들은 오히려 정반대로 행동해야 할 것이다. 자신의 아이에게 직접 젖을 먹여 키우려는 여성이라면 더욱 그렇다. 그러면 걱정하는 것보다는 덜 후회하게 될 것이다. 한층 더 인간에게 자연스러운 곳에서 살면서 자연이 부과한 의무를 수행하며 느끼는 기쁨은 그녀들의 마음속에서 자연과 무관한 기쁨들에 대한 취향을 곧 잊게 해줄 것이다.

아이가 태어나면 으레 미지근한 물에 포도주를 섞어 몸을 씻긴다. 그러나 이런 식으로 포도주를 섞는 것은 별로 필요하지 않은 것 같다. 자연이 발효 음료를 만들어내지 않는 만큼, 인위적인 술을 사용하는 것이 자연의 피조물인 생명에 중요하다고 생각되지 않는다.

같은 이유에서, 물을 미지근하게 하는 조심성도 꼭 필요한 것은 아니다. 사실 많은 민족이 신생아를 아무 거리낌 없이 강물이나 바닷물로 씻긴다. 그러나 우리의 아이들은 연약한 부모 때문에 태어나기 전부터 약해져 있으므로, 태어날 때부터 허약한 체질을 지닌다. 따라서 아이들을 강인하게 만든답시고 처음부터 온갖 시련을 겪게 해서는 안 된다. 조금씩 단계적으로 본래의 활력을 되찾게 해주어야 한다.

그러므로 처음에는 관습을 따르되, 서서히 관습에서 벗어나게 하라. 아이를 자주 씻겨주어라. 아이의 몸은 쉽게 더러워지므로 자주 씻겨야 한다. 처음에는 아이의 몸을 수건으로 닦기만 해도 살갗이 벗겨진다. 하지만 아이의 체력이 강해지면 차츰 물의 온도를 낮추어, 나중에는 여름에나 겨울에나 찬물로, 혹은 아예 얼음물로 씻기도록 하라. 아이를 위험에 빠트리지 않으려면 온도를 서서히 낮추어 그 차이를 느끼지 못하게 하는 것이 중요하다. 온도를 정확히 재기 위해 온도계를 사용하는 것도 좋다.

이러한 목욕 습관이 일단 확립되면 중단해서는 안 되며,

평생 유지하는 것이 중요하다. 나는 목욕을 단순히 청결과 현재의 건강 측면에서만 바라보지 않는다. 목욕은 근육 조직을 유연하게 만들고 다양한 더위와 추위에 원활하고 안전하게 적응케 하는 예방 요법이라고 생각한다. 나는 그러기 위해서 아이가 성장함에 따라, 때로는 견딜 수 있는 온도의 뜨거운 물로, 또 때로는 가능한 한 차가운 물로 목욕하는 습관을 점차 들이기를 바란다. 물은 공기보다 밀도가 높은 유체流體라서 우리 피부의 더 많은 부위에 닿고 자극도 더 강하기 때문에, 이처럼 다양한 온도의 물을 견딜 수 있는 습관이 아이에게 생기면 기온의 영향을 거의 받지 않을 것이다.

아이가 어머니의 자궁에서 나와 첫 호흡을 하는 순간에 아이를 더 갑갑하게 하는 것으로 또다시 싸매지 않도록 하라. 모자를 씌우거나 띠를 매어주거나 배내옷을 입히지 말라. 옷은 아이가 사지를 자유롭게 움직일 수 있도록 헐렁하고 큼직해야 하고, 아이가 운동하는 데 방해가 될 정도로 무거워서는 안 된다. 아이가 바깥 공기를 느낄 수 없을 만큼 너무 따뜻하게 입혀서도 안 된다.[67]

아이는 커다랗고 푹신한 요람[68] 속에 넣고 거기서 아무 위험 없이 편안하게 움직일 수 있도록 해주어라. 아이의 힘이 세지기 시작하면 방 안을 마음대로 기어 다니게 하고, 조그만 팔다리를 마음대로 오므렸다 폈다 하도록 내버려두어라. 그렇게 하면 아이의 팔다리가 나날이 튼튼해지는 것을 볼 수 있을 것이다. 그리고 그 아이를 배내옷으로 꼭 싸맨 다른 또래 아이와 비교해보라. 두 아이의 발육 차이에 깜짝 놀랄 것이다.[69]

유모들의 극심한 반대를 각오해야 할 것이다. 유모에게는 아이를 꽁꽁 묶어놓는 것이 아이를 끊임없이 지켜보는 것보다 덜 힘들기 때문이다. 게다가 헐렁하고 큼직한 옷을 입혀놓으면 아이 몸의 때나 찌꺼기 따위가 더 잘 보이게 되고 그러면 더 자주 아이를 씻겨주어야 할 것이다. 여기서 내가 말하고 싶은 것은, 어떤 나라에서는 이런 관습을 모두가 따르고 있어서 반박하기가 참으로 어렵다는 점이다.

유모들과 옳고 그름을 논하지 말라. 명령을 내리고 그저 어떻게 하는지를 보라. 당신이 시킨 일을 유모가 쉽게 실천할 수 있도록 협조를 아끼지 말라. 당신은 왜 유모의 일을 함께 나누지 않는가? 보통의 양육법에서는 신체적인 측면만 고민하기 때문에 아이가 살아 있고 쇠약해지지만 않으면 그 외의 것은 거의 개의치 않는다. 그러나 나는 아이의 출생과 더불어 교육을 시작하기 때문에, 이 아이는 태어나면서 이미 나의 제자다. 다만 그때도 교사의 제자가 아니라 자연의 제자인 것이다. 교사는 자연이라는 첫 번째 스승 밑에서 오로지 연구하고, 스승이 주는 보살핌이 방해받지 않도록 할 뿐이다. 교사는 갓난아이를 지켜보고 관찰하고 따라다니면서, 사물을 헤아리는 아이의 작은 지적 능력이 최초로 빛이 나는 순간을, 마치 회교도들이 상현[70]이 다가올 무렵 달이 뜨는 순간을 기다리는 심정으로 주의 깊게 살펴보아야 한다.

우리는 배울 수 있는 능력을 지니고 태어난다. 그러나 갓 태어났을 때는 아무것도 모르고 아무것도 인식하지 못한다. 정신은 불완전하고 미완성인 신체 기관에 매여 있어 자기 존재에 대한 의식조차 없다. 갓 태어난 아이의 움직임이나 울음소리는 순전히 기계적인 것으로, 인식과 의지가 담겨 있지 않다.

아이가 태어나면서부터 성인의 키와 체력을 갖추었다고 가정해보자. 팔라스[71]가 제우스의 머리에서 나온 것처럼 어미의 태 안에서 완전히 무장한 채 나왔다고 생각해보자. 이 어른-아이는 완전히 바보이거나 자동인형, 즉 움직이지도 못하고 감각도 거의 없는 동상 같을 것이다.

그는 아무것도 보지 못하고 듣지 못하며, 아무도 알아보지 못할 것이다. 보아야 할 대상을 향해 눈을 돌리지도 못할 것이다. 그는 자신 외에 다른 어떤 물체도 식별하지 못할 뿐 아니라, 심지어 그것을 식별하게 해줄 감각 기관에 아무것도 전달하지 못할 것이다. 눈은 색을 구분하지 못하고, 귀는 물체가 내는 소리에 반응하지 못하며, 자신의 손이 닿는 사람들의 몸에 대해 아무 느낌도 갖지 못하고, 자신이 육체를 가지고 있다는 것조차 모를 것이다. 두 손의 마주침도 머릿속에서만 가능할 뿐이다. 그의 모든 감각은 단 한 곳으로 모일 것이다. 그는 모든 사람이 공통으로 가지고 있는 '감각 중추sensorium' 속에서만 존재할 것이다. 그는 오직 '자아moi'라는 관념만 별도로 가지게 되며, 거기에 모든 감각을 결부시킬 것이다. 그리고 이 관념, 좀 더 정확히 말해 이 감정은 그가 보통의 아이들보다 더 많이 가진 유일한 것이 될 것이다.

갑자기 성인이 된 이 인간은 두 발로 설 수도 없을 것이다. 균형을 잡고 서기까지 오랜 시간이 걸릴 것이다. 어쩌면 그런 시도조차 하지 않을지도 모른다. 당신은 이 힘세고 건장하고 커다란 몸뚱이가 마치 돌처럼 가만히 한자리에 있거나 강아지처럼 다리를 질질 끌며 기어 다니는 모습을 보게 될 것이다.

그는 욕구 불만을 느끼지만, 그것이 무엇인지도 모르고, 그것을 충족할 수단도 생각해내지 못할 것이다. 위의 근육과 팔다리의 근육 사이에는 직접적인 연관이 없으므로, 이런 아이는 음식에 둘러싸여 있어도 가까이 가려고 발을 내딛거나 그것을 잡으려고 손을 뻗을 줄도 모를 것이다. 몸은 이미 다 성장했고 사지도 완전히 발달했지만 여느 아이들처럼 잠시도 가만히 못 있고 끊임없이 움직이지 않을 것이므로, 그는 먹을 것을 찾아 움직이기 전에 굶어 죽을 수도 있다. 우리가 가진 지식이 발달하는 순서와 과정을 조금이라도 생각해본다면, 경험을 통해 또는 같은 부류의 사람들을 통해 무언가를 배우기 전 인간 본연의 무지와 어리석음의 원시적인 상태가 바로 이러했으리라는 사실을 부정할 수 없다.

따라서 우리는 한 사람이 보통 수준의 지적 능력에 도달하기 위해 출발하는 최초의 지점을 이미 알고 있거나, 알 수 있다. 하지만 그 반대편의 맨 꼭대기에 있는 지점은 누가 알겠는가? 사람은 누구나 자신의 소질, 취향, 욕구, 재능, 열정, 그리고 이를 발휘할 수 있는 기회에 따라 많든 적든 진보한다. 내가 아는 한 어떤 철학자도 '이것이 인간이 도달할 수 있는 한계이며 인간은 그것을 넘어설 수 없다'라고 말할 만큼 대담하지 못했다.

우리는 우리의 본성이 우리를 어디까지 도달하게 할지 모른다. 우리 가운데 누구도 한 인간과 다른 인간 사이에 생길 수 있는 격차를 측정해본 적 없다. 아무리 천한 영혼이라도 다음과 같은 생각에 흥분하지 않을 수 없으며, 때로는 의기양양하게 혼잣말할 것이다. '나는 벌써 얼마나 많은 것을 성취했는가! 또 얼마나 많은 것을 앞으로 성취할 것인가! 내 동료가 이런 나보다 과연 더 멀리 나아갈 수 있겠는가?'

거듭 말하지만, 인간의 교육은 태어나면서부터 시작된다. 말을 하고 말을 알아듣기 전에 인간은 이미 배우고 있다. 경험이 학습보다 먼저다. 유모의 얼굴을 알아볼 때쯤이면, 아이는 이미 많은 것을 배웠다고 할 수 있다. 아무리 무지한 사람일지라도 그가 태어난 순간부터 현재에 이르기까지의 발전 과정을 살펴보면 그가 습득한 지식에 놀랄 것이다. 만약 인간의 모든 학문을 둘로 나누어, 한쪽은 모든 인간에게 공통된 것, 다른 한쪽은 학자들에게 한정된 특수한 것이라 한다면, 후자는 전자에 비해 극히 미미할 것이다. 그러나 우리는 인간이 보편적으로 습득하는 지식에 대해서는 거의 생각하지 않는다. 이런 지식은 우리가 알지 못하는 사이에, 심지어 분별력을 갖춘 나이가 되기도 전에 습득되기 때문이다. 더욱이 지식은 모든 사람들이 습득한 지식과 비교해 차별성이 있을 때 주목받는 것이다. 마치 대수 방정식에서 양변에 공통으로 포함된 요소가 서로 상쇄되어 영(0)으로 간주되는 것처럼 말이다.

동물들조차도 많은 것을 배운다. 동물에게도 감각이 있고, 그들 또한 감각을 느끼는 방법을 배워야 하며, 욕구를 갖고 있으므로 이를 충족하는 법을 배워야 한다. 동물은 먹는 법, 걷는 법, 나는 법을 배워야 한다. 태어나자마자 자기 발로 설 수 있는 네발짐승도 처음부터 걸을 수 있는 것은 아니다. 그들이 첫걸음을 내디딜 때 보면 불안정한 시도임을 알 수 있다. 새장에서 풀려난 방울새는 날 줄 모른다. 한 번도 날아본 적이 없기 때문이다. 감각을 지닌 생물에게 모든 것은 교육이다. 만약 앞으로 나아가는 운동을 하려는 식물이 있다면, 감각을 지녀야 하고 지식을 습득해야만 할 것이다. 그렇지 않으면 곧 멸종하고 말 것이다.

어린아이가 느끼는 최초의 감각은 순전히 마음이나 기분

에 의한 것으로, 아이들이 스스로 깨닫는 것은 쾌락과 고통 뿐이다. 어린아이들은 걸을 수도 없고 무엇을 붙잡을 수도 없기 때문에, 외부의 사물이 그들에게 보여주는 표상 감각이 하나하나 형성되기 위해서는 오랜 시간이 필요하다. 그러나 외부 사물이 크게 보일 때까지, 다시 말해 떨어져 있는 사물의 크기와 형태가 아이의 눈에 식별될 때까지, 아이는 감각의 반복을 통해 습관의 지배를 받게 된다.

어린아이는 눈으로 끊임없이 빛이 있는 쪽을 본다. 빛이 옆에서 비추면 무의식적으로 그쪽을 본다. 따라서 우리는 아이가 사시斜視가 되지 않도록, 또 사물을 옆으로 흘겨보는 습관이 들지 않도록 아이의 얼굴이 빛을 정면으로 마주볼 수 있게 신경 써야 한다. 또한 아이가 일찍부터 어둠에 익숙해지게 할 필요가 있다. 그렇지 않으면 아이는 자신이 어둠 속에 있다는 것을 알자마자 울면서 소리를 지르게 된다. 식사나 수면의 경우, 시간을 너무 정확히 정해놓으면 일정한 간격을 두고 같은 요구를 하게 된다. 그렇게 되면 욕구가 필요에 의해 생기지 않고 습관에 의해 생기게 된다. 아니 오히려 자연의 필요에 습관이 새로운 필요를 덧붙이는 꼴이다. 이것이야말로 우리가 미리 피해야 할 일이다.

어린아이에게 길러주어야 할 유일한 습관은 어떤 습관도 몸에 배지 않게 하는 것이다. 아이를 어느 한쪽 팔로 더 많이 안아줘서는 안 되며, 한쪽 손을 다른 쪽 손보다 더 많이 내밀

거나 더 자주 사용하지 않도록 해주어야 한다. 또 같은 시간에 먹고 자고 행동하려는 습관이나 밤이나 낮에 혼자 있지 못하는 습관이 들지 않게 해야 한다. 자연적으로 생긴 습관을 아이가 그대로 지니게 함으로써, 또한 언제나 자기 자신을 다스릴 수 있게 하고 의지를 갖게 되면 무슨 일이든 자기 의지대로 할 수 있게 함으로써, 일찍부터 자신의 자유를 마음껏 누리고 자신의 힘을 충분히 활용할 수 있게 준비해주어야 한다.

아이가 사물을 분간할 수 있게 되면 아이에게 어떤 사물을 보여줄지 신중을 기해야 한다. 물론 새로운 사물은 무엇이든 인간의 흥미를 끈다. 인간은 자신이 너무도 약한 존재라고 생각하기 때문에 자신이 모르는 모든 것을 두려워한다. 새로운 사물을 아무 거리낌없이 바라보는 습관을 길러주면 이러한 두려움은 없어진다. 거미를 찾아볼 수 없는 깨끗한 집에서 자란 아이들은 거미를 무서워하고, 이런 두려움은 어른이 되어서도 없어지지 않는다. 나는 남자든 여자든 어린아이든 농촌 사람들이 거미를 무서워하는 것을 본 적이 없다.

아이에게 무엇을 보여주는가에 따라 아이를 소심하게 또는 용감하게 키울 수 있다면, 아이가 말을 하고 말을 알아듣기 전에 교육을 시작해야 하지 않겠는가? 나는 사람들이 아이에게 새로운 물건과 흉측하고 혐오스러우며 기괴한 동물들을 보는 습관을 들이게 해주기를 바란다. 그것들과 친숙해질 때까지 처음에는 멀리서부터 조금씩 보여주고, 이어서 다른 사람들이 그것들을 만지는 것을 보여주고, 나중에는 아이 자신도 직접 만지도록 해주었으면 한다. 만약 어린 시절에 두꺼비나 뱀, 가재를 보고 무서워하지 않았다면, 어른이 되었을 때 어떤 동물을 보아도 무서워하지 않을 것이다. 무서운 것이라도 그것을 매일 보는 사람에게는 아무렇지도 않은 것이다.

모든 아이는 가면을 무서워한다. 나는 우선 에밀에게 유쾌한 표정의 가면을 보여준다. 그다음에는 누군가가 에밀 앞에서 그 가면을 써 보인다. 그때 나는 웃는다. 모두들 따라 웃는다. 그러면 아이도 남들처럼 웃을 것이다. 그러다가 차츰 다소 불쾌한 가면을 보여주고, 마지막에는 끔찍한 모습의 가면을 보여주어 익숙해지게 만든다. 만약 내가 차츰차츰 단계를 잘 조절한다면 아이는 마지막 가면을 보고도 무서워하기는커녕 첫 번째 가면을 보여주었을 때처럼 웃을 것이다. 이렇게 되면 아이가 가면을 보고 무서워하지 않을까 더 이상 걱정할 필요가 없다.

안드로마케와 헥토르가 이별하는 장면에서 어린 아스티아낙스[72]는 아버지의 투구 위에서 팔랑이는 깃털 장식이 무서워 자기 아버지도 몰라보고 비명을 지르며 유모의 품으로 달려들어 어머니로 하여금 눈물 섞인 미소를 짓게 한다. 이와 같은 공포심을 진정시켜주려면 어떻게 해야 할까? 바로 헥토르가 한 대로 하면 된다. 투구를 땅에 내려놓고 아이를 쓰다듬어주면 된다. 좀 더 평화로운 시기라면 여기서 그쳐서는 안 된다. 투구를 벗어 손에 들고 깃털 장식으로 장난을 치면서 아이에게 그것을 만져보게 해야 할 것이다. 그리고 나중엔 유모가 투구를 집어 들고 웃으면서 자기 머리에 써보는 것도 좋을 것이다. 물론 여자의 손이 헥토르의 무기에 닿아도 상관이 없다면 말이다.

에밀을 총소리에 익숙해지게 하려면 어떻게 해야 하는가. 나는 우선 권총에 화약을 조금 넣어 내쏘아 불이 일어나게 할 것이다. 에밀은 순간적으로 번쩍했다가 사라지는 이런 종류의 불꽃에 즐거움을 느낄 것이다. 나는 화약의 양을 조금씩 늘려가며 같은 동작을 반복할 것이다. 그리고는 소음기를 떼고 다시 소량의 화약을 장전해 내쏘고, 또 양을 늘려갈 것이다. 그렇게 해서 마침내는 에밀을 소총 소리나 산탄총 소리, 대포 소리, 더 나아가 무시무시한 폭발 소리에도 익숙해지도록 만들 것이다.

나는 천둥소리가 청각을 상하게 하지 않는 한, 아이들이 천둥을 거의 두려워하지 않는다는 사실을 알았다. 달리 말하면 천둥이 사람을 다치게 하거나 죽게 할 수도 있다는 것을 알게 된 후에야 천둥에 대한 두려움을 갖게 되는 것이다. 이성이 발달해 아이들이 두렵고 무서운 감정을 갖는 시기가 되면, 습관을 통해 그들을 안심시키도록 하라. 단계적으로 천천히 신중하게 해나간다면 어른이든 아이든 모든 일에 대담해지도록 할 수 있다.

기억력이나 상상력이 아직 기능을 제대로 발휘하지 않는 생의 초기에 어린아이는 자신의 감각을 실제로 자극하는 대상에만 주의를 기울인다. 감각은 그의 지식의 최초의 재료이므로 적절한 순서에 따라 그것들을 제공하는 것은 훗날 동일한 순서로 아이의 기억력이 그 감각을 자신의 지적 능력에 공급하도록 준비시키는 것이 된다. 그러나 아이는 자신의 감각에만 주의를 집중하기 때문에, 처음에는 그 감각과 그것을 불러오는 사물과의 관계를 아이에게 분명히 알려주기만 하면 된다.

아이는 무엇이든 손을 대어 주무르거나 잡으려고 한다. 이런 행동이 불안해 보이더라도, 절대로 못 하게 해서는 안 된다. 그것으로 아이는 대단히 요긴한 학습의 기회를 얻기 때문이다. 이런 식으로 아이는 눈으로 보고 손으로 만지고[73] 귀로 들으면서, 특히 손가락을 통해 느낀 감각을 눈으로 평가하면서 시각과 촉각을 비교하고, 물체의 뜨거움과 차가움, 단단함과 부드러움, 무거움과 가벼움을 느낀다. 그리고 그것들의 크기와 형태 그리고 감각적인 온갖 성질을 판단하는 법을 배운다.

우리는 우리 이외의 사물이 존재한다는 것을 오로지 몸의 움직임을 통해서 배운다. 공간의 크기에 대한 개념을 얻는 것도 우리 몸의 움직임을 통해서다. 어린아이가 지척에 있는 물건과 백 걸음 떨어져 있는 물건을 구별하지 않고 잡으려 드는 것은 공간의 크기 개념이 없기 때문이다. 이런 시도는 당신에게 지배욕의 표현으로 보이거나, 물건을 향해 다가오라고 명령하거나 당신에게 그것을 가져다 달라고 명령하는 것처럼 보이리라. 하지만 결코 그렇지 않다. 아이는 단지 처음에 뇌로 사물을 보고, 다음에 눈으로 보고, 그리고 당장 팔을 뻗어 만질 수 있는 것으로 보는 것이다. 아이는 자신이 닿을 수 있는 범위를 공간의 크기로 여긴다.

그러므로 아이가 거리를 판단하는 법을 배울 수 있도록 아이를 자주 산책시키고 이곳저곳 데리고 다니면서 장소의 변화를 느낄 수 있게 해주어라. 아이가 거리를 인식하기 시작하면 이번에는 방법을 바꿔, 아이가 원하는 대로가 아니라 당신의 뜻대로 아이를 데리고 다녀라. 아이가 더 이상 거리 감각에 속지 않게 되면 아이의 노력을 이끄는 동기도 달라지기 때문이다. 이 변화는 눈여겨볼 것이어서, 더 설명할 필요가 있다.

욕구가 채워지지 않아 다른 사람의 도움이 필요할 때, 욕구는 여러 표정이나 몸짓 따위로 표현된다. 아이가 우는 것도 바로 이런 이유에서다. 아이들은 많이 운다. 그래야 한다. 아이들의 감각은 모두 감정적인 것이어서 기분이 좋을 때는 그것을 조용히 즐기고, 괴로울 때는 나름의 언어로 도움을 청한다. 그런데 어린아이들은 깨어 있는 한 무심한 상태로 있는 일이 거의 없다. 아이들은 잠을 자고 있거나 무엇인가에 자극을 받고 있거나, 둘 중 하나다.

인간의 언어는 모두 인위적으로 만들어졌다. 사람들은 오랫동안 모든 이에게 공통된 자연 언어가 있는지 탐구해왔다. 그런 언어가 분명 있기는 하다. 그것은 아이가 말을 배우기 전에 사용하는 언어로, 발음이 분명하진 않지만 각각의 억양과 떨림이 있어서 알아들을 수 있다. 사람은 성장하면서 성인의 언어를 사용하기 때문에 이 언어를 등한시하게 되고 나중에는 거의 완전히 잊어버린다. 아이를 잘 관찰하다보면 얼마 지나지 않아 아이로부터 그 언어를 다시 배우게 될 것이다. 유모는 이 언어에서 우리의 스승이다. 유모는 자신의 젖을 먹는 아이의 말을 다 알아듣고 아이에게 답하며 아주 오랫동안 아이와 긴 이야기를 나눈다. 유모는 단어들을 또렷하게 발음하지만 이는 전혀 쓸모없는 일이다. 아이가 알아듣는 것은 그 단어의 뜻이 아니라 단어의 억양이기 때문이다.

어린아이에게는 음성 언어 못지않게 표현력이 풍부한 몸짓 언어가 있다. 이것은 아이의 연약한 손이 아니라 얼굴에 나타난다. 아직 형태가 제대로 잡히지 않은 얼굴로 얼마나 짓는 표정이 풍부한지 정말 놀랄 정도다. 아이들의 표정은 상상할 수 없을 정도로 빠르게 순간순간 바뀐다. 당신은 아이들의 얼굴에서 미소와 욕망과 공포가 번갯불처럼 나타났다 사라지는 것을 볼 수 있으리라. 마치 매 순간 다른 얼굴을 보는 것 같은 기분이 들 것이다. 어른들보다 아이들의 얼굴 근육이 더 잘 움직이는 것이 분명하다. 반면에 초점이 잘 맞지 않는 아이의 눈은 무슨 생각을 하는지 도통 알 수가 없게 만든다. 이는 육체적 욕구만 있는 연령대의 아이들에게서 드러나는 특징이라 할 것이다. 감각의 표현은 아이의 얼굴 표정에 나타나고, 감정의 표현은 아이의 눈빛에 나타난다.

인간이 겪는 최초의 상태는 결핍이기 때문에 인간이 내는 최초의 음성은 불평과 울음이다. 아이는 욕구를 느껴도 그것을 스스로 충족할 수 없기 때문에, 큰 소리로 울어 다른 사람에게 도움을 청한다. 아이는 배가 고프거나 목이 마르면 운다. 너무 춥거나 더울 때도 운다. 움직이고 싶은데 그걸 막으면 울고, 자고 싶은데 그러지 못하게 하면 운다. 아이는 자신의 상태가 불편할수록 그 상태를 바꿔 달라고 더 많이 보챈다. 말하자면 아이는 불편함이라는 유쾌하지 않은 하나의 느낌만 갖기 때문에, 오직 한 가지 언어만 가지고 있다고 할 수 있다. 아이의 신체 기관은 아직 불완전한 상태이기 때문에 다양한 느낌을 분간하지 못하며, 그래서 모든 불편함이 고통이라는 하나의 감각으로 모인다.

흔히 사람들은 아이의 울음이 주의를 기울일 만한 것이 못 된다고 생각한다. 하지만 인간이 그를 둘러싼 모든 것과 맺는 최초의 관계는 바로 이 울음에서 생겨난다. 바로 여기서 사회 질서를 형성하는 기나긴 사슬의 첫 번째 고리가 만들어지는 것이다.

아이가 우는 것은 불편을 느끼거나 충족되지 않은 어떤 욕구가 있다는 뜻이다. 이럴 때는 아이를 살펴보고, 그 욕구가 무엇인지 알아내어 충족해주어야 한다. 그 욕구를 알아내지 못하거나 충족해주지 못하면 아이는 계속 울어대고 사람들을 성가시게 만든다. 사람들은 아이의 울음을 그치게 하기 위해 달래기도 하고, 안아서 흔들어주거나 재우기 위해 노래를 불러주기도 한다. 그래도 아이가 계속 울면 사람들은 참지 못하고 아이에게 으름장을 놓는다. 성질이 사나운 유모는 때로 아이를 때리기도 한다. 인생에 첫발을 들여놓는 어린아이에게 이 무슨 기이한 교육인가!

나는 귀찮게 울어대는 아이 하나가 유모에게 얻어맞는 것을 본 일이 있는데, 그 장면을 결코 잊지 못할 것 같다. 그 아이는 이내 울음을 뚝 그쳤다. 나는 아이가 겁을 먹은 것이라고 생각했다. 그리고 이 아이는 무섭게 다루지 않으면 아무것도 할 수 없는 비굴한 인간이 될 것이라고 속으로 생각했다. 그런데 그것은 내가 잘못 생각한 것이었다. 가엾게도 그 아이는 숨을 쉴 수 없을 정도로 화가 나 호흡이 곤란해졌던 것이다. 아이의 얼굴은 보랏빛으로 변했다. 잠시 후 귀를 찢는 듯한 울음소리가 들려왔다. 그 나이의 아이가 가질 수 있는 모든 원망과 분노와 절망의 표시들이 그 소리에 여지없이

들어 있었다. 나는 아이가 그렇게 소리쳐 울다가 죽지 않을까 걱정되었다.

평소 나는 정의와 불의의 감정이 인간의 마음속에 선천적으로 존재하는지에 대해 의문을 품고 있었으나, 이 아이의 예만으로 그 의문은 깨끗이 사라졌다. 나는 아이의 손에 우연히 뜨거운 불씨가 떨어졌다 해도 아이가 그렇게까지 민감하게 반응하지는 않았을 것이라고 확신한다. 비록 유모의 매질이 가벼운 것이었어도 그것은 아이에게 모욕을 주려는 명백한 의도에서 나온 행동이었기 때문이다.

쉽게 흥분하고 분노하고 화를 내는 성향의 아이들에 대해서는 상당한 주의가 필요하다. 부르하베[74]는 어린아이의 질병은 대부분 발작성에 속한다고 생각했다. 어린아이는 어른에 비해 신체에서 머리가 차지하는 비중이 크고 신경 조직이 더 넓게 퍼져 있어 외부의 자극에 더 예민하게 반응하기 때문이라는 것이다. 아이를 짜증 나게 하거나 약을 올리거나 신경질 나게 하는 하인이 있다면, 그를 아이에게서 되도록 멀리 떨어뜨려놓도록 각별히 주의해야 한다. 그런 하인은 공기나 계절이 아이에게 끼치는 해악보다 백배는 더 위험하고 유해하다.

어린아이는 사물에서 저항을 느끼더라도, 사람의 의도적 저항을 받지 않는 한 반항하거나 분노하지 않고 건강을 유지하며 잘 자랄 것이다. 훨씬 자유롭고 독립적으로 키워진 서민의 아이들이, 끊임없이 아이의 뜻을 꺾으며 더 잘 키웠다고 뽐내는 사람들의 자식들에 비해 덜 허약하고 덜 예민하며 더 튼튼한 이유 중 하나가 바로 여기에 있다. 그러나 아이가 하자는 대로 해주는 것과 아이의 뜻을 꺾지 않는 것 사이에는 커다란 차이가 있음을 항상 염두에 두어야 한다.

어린아이의 첫울음은 간절하게 하는 부탁이다. 그러나 이를 적절하게 대하지 않으면 그 울음은 머지않아 명령으로 바뀐다. 처음에 아이는 도움이 필요해서 울기 시작하지만, 나중에는 응석을 부리기 위해 운다. 이처럼 처음에는 자신의 연약함 때문에 남에게 의지하려는 감정이 싹트지만, 나중에는 권력과 지배의 관념이 생겨난다. 하지만 이 관념도 아이 자신의 욕구보다는 우리가 시중을 들어줌으로써 유발된 것이다. 이로부터 우리는 권력과 지배의 관념이 자연에서 비롯한 것이 아니라 도덕의 영향을 받아 생겨난 것임을 알 수 있다. 아이가 아주 어릴 때부터 그의 몸짓이나 울음소리의 의도를 파악하는 것이 중요한 이유가 여기에 있다.

어린아이가 아무 말도 하지 않고 애써 손을 뻗을 때는 물건을 잡을 수 있다고 생각해서 그런 것이다. 아이는 거리를 가늠할 수 없기 때문에 착각을 한 셈이다. 그러나 아이가 칭얼거리고 울면서 손을 내밀 때는 거리를 착각한 것이 아니다. 사물로 하여금 자기에게 다가오라고 명령하는 것이거나, 당신에게 그 물건을 가져다 달라고 명령하는 것이다. 앞의 경우라면 아이를 천천히 조금씩 그 사물 쪽으로 데려가는 것이 좋다. 뒤의 경우라면 아이가 뭐라고 해도 못 들은 척 가만히 있어야 한다. 아이가 울면 울수록 더 귀를 기울이지 않아야 한다.

어린아이에게 사람이나 사물에 명령하지 않는 습관을 일찍부터 들이게 해야 한다. 아이는 사람들을 소유하지 않았고, 사물은 아이의 말을 전혀 알아듣지 못하기 때문이다. 따라서 아이가 어떤 물건을 보고 그것을 자기에게 가져다주기를 원할 때는, 물건을 아이에게 가져다주기보다 아이를 물건 쪽으로 데려가는 것이 바람직하다. 아이는 이런 경험을 통해 자기 나이에 맞는 결론을 끌어낼 것이다. 어린아이에게 그 결론을 알려줄 방법은 이것뿐이다.

생피에르 신부[75]는 어른을 큰 아이라고 불렀다. 달리 말하면 어린아이는 작은 어른이라 부를 수 있을 것이다. 이 두 의견은 원리로 받아들이기 위해서는 설명이 필요하지만, 나름대로 사실에 잘 들어맞는다. 그러나 홉스가 악인을 건장한 어린아이라고 부른 것은 이치상 앞뒤가 전혀 맞지 않은 말이다.[76] 모든 나쁜 마음은 약하기 때문에 생겨나는 것이다. 아이가 심술궂게 행동하는 것은 단지 그가 약하기 때문이다. 따라서 그를 강하게 만들면 그는 선량해질 것이다. 모든 것을 할 수 있는 사람은 결코 나쁜 짓을 하지 않을 것이다. 전능한 신이 지닌 모든 속성 가운데 선량함이 없다고는 도저히 상상할 수 없다. 선과 악이라는 두 개의 원리가 존재한다고 여긴 사람들은 모두 악을 선보다 열등한 것으로 간주해왔다. 만약 악이 선보다 열등한 것이 아니라면, 그들 모두 터무니없는 가설을 세운 셈이다. 이 문제에 대해서는 이 책 후반부에 나오는 〈사부아 보좌 신부의 신앙 고백〉을 참고하라.[77]

이성만이 우리에게 선과 악을 분별하여 알아보는 법을 가르쳐준다. 우리에게 선을 사랑하고 악을 미워하게 하는 양심은 이성에 의존하거나 예속된 것은 아니지만, 이성 없이는 발달할 수 없다. 이성을 갖추는 나이가 되기 전까지 우리는 선과 악이 무엇인지도 모른 채 선과 악을 행한다. 따라서 아이의 행동에는 도덕성이 전혀 없다. 때때로 자신과 관계되는 다른 사람의 행동에 대해 그런 감정을 느낄 수는 있다. 어린 아이는 눈에 보이는 것은 무엇이든 흐트러뜨리고 손에 잡히는 것은 모두 부수거나 깨뜨린다. 새를 쥐어도 마치 돌멩이를 쥐듯이 손아귀에 그러쥐고선 자신이 무슨 짓을 하는지도 모른 채 새를 눌러 죽인다.

왜 그런 행동을 하는 것일까? 우선 철학에서는 그것을 인간이 지닌 자만심, 지배욕, 이기심, 악의惡意 등 천성적인 악덕에 의한 것으로 설명하려고 한다.[78] 철학은 또 거기에 덧붙여 어린아이는 자신이 약하다는 것을 느끼기 때문에 거칠고 사납게 힘을 사용해서 스스로에게 자신의 힘을 입증해 보이려 한다고 말할 것이다.

그러나 예외 없는 인생의 순환을 거쳐 다시 어린아이처럼 허약해져 병들고 쇠약한 노인을 보라. 노인은 몸을 움직이지 않고 조용히 있을 뿐 아니라 자기 주변에 있는 것들도 모두 가만히 있기를 원한다. 지극히 사소한 변화도 그를 혼란스럽고 불안하게 만들기 때문에 그는 온 세상이 고요하기를 바랄 것이다. 근본적 원인에 변함이 없다면, 동일한 정념과 무력함을 지닌 노인과 아이 사이에 어떻게 그토록 다른 결과가 나올 수 있겠는가? 그리고 만일 그 차이가 노인과 아이의 육체적 상태에 기인하는 것이 아니라면 어디서 그 원인을 찾을 수 있단 말인가?

　　활동력의 근원은 양쪽이 같다. 그러나 한쪽에서는 활동력이 커지고 있고 다른 한쪽에서는 쇠하고 있다. 한쪽은 형성되고 있고 다른 쪽은 파괴되고 있다. 어린아이는 삶으로 향하고 있고, 노인은 죽음으로 향하고 있다. 노인의 쇠퇴해가는 활동력은 노인의 마음속으로 집중되고, 어린아이의 마음속에서는 활동력이 차고 넘쳐서 밖으로 흘러넘친다. 말하자면 어린아이는 자기 주변의 모든 것에 생기를 불어넣을 수 있을 정도로 자신이 생명력으로 충만해 있음을 느끼는 것이다. 그가 무엇을 만들건 부수건 그것은 별로 중요하지 않다. 사물의 상태를 변화시키는 것만으로 충분하다. 변화란 곧 활동을 의미한다. 아이가 뭔가 파괴하려는 성향을 더 많이 보이더라도 그것은 결코 나쁜 마음 때문이 아니다. 무엇인가를 만드는 활동은 언제나 속도가 더디지만 파괴하는 활동은 더 빠르게 이루어지기 때문에 아이의 활발함에 더 잘 맞는 것이다.

자연의 창조자는 이런 활동력을 아이에게 부여함과 동시에 그것을 구사할 힘은 조금만 줌으로써 그것이 아이에게 너무 해롭지 않도록 배려하고 있다. 그러나 어린아이가 주변 사람들을 자기 마음대로 다룰 수 있는 도구라고 생각하게 되면 그 도구를 제멋대로 사용하여 자신의 약함을 보충하는 데 써버린다. 이 때문에 아이는 성가신 존재가 되고, 폭군이 되며, 명령적이고 심술궂고 다루기 힘들게 되는 것이다. 이런 변화는 선천적으로 지니고 태어난 지배적 성향에서 비롯된 것이 아니라 우리가 그에게 이런 성향을 부여해서 생겨난 것이다. 왜냐하면 다른 사람의 손을 빌려 행동하고, 더욱이 혀만 가지고 세상을 움직일 수 있다는 것이 얼마나 유쾌한 일인지를 아는 데에 그리 오랜 경험은 필요 없기 때문이다.

인간은 성장하면서 힘을 얻고, 불안감이 덜해지며, 덜 활동적이 되고, 자기 내면으로 더 들어간다. 말하자면 정신과 육체가 균형을 이루면서 자연은 우리의 보존에 필요한 운동만을 요구하게 되는 것이다. 그러나 명령하고 싶은 욕망은 욕망의 근원이 없어진다고 해서 사라지지 않는다. 지배욕은 자존심을 일깨우고 부추기며 습관은 그것을 강화한다. 그리하여 엉뚱한 생각이 명령하려는 욕망의 뒤를 이어 편견과 선입관이 최초의 뿌리를 내리게 된다.

일단 이 원리를 이해하고 나면, 우리는 인간이 어디서부터 자연의 길을 벗어나게 되는지 명확하게 알 수 있다. 그러면 이제 자연의 길을 벗어나지 않고 따르기 위해 어떻게 해야 하는지 알아보자.

어린아이에게는 여분의 힘이라는 것이 없을 뿐 아니라 자연이 그에게 요구하는 것을 충족할 만한 힘조차 갖고 있지 않다. 따라서 자연이 그에게 부여한 힘을 다 사용하도록 내버려두어야 한다. 이것이 첫 번째 준칙이다.

어린아이를 도와주고, 지력에서든 체력에서든 물리적 필요에 속하는 모든 것에서 그들에게 부족한 것을 보충해주어야 한다. 이것이 두 번째 준칙이다.

어린아이를 도와줄 때는 실제로 유용한 것에만 한정해야 한다. 어린아이의 변덕이나 근거 없는 욕망에 대해서는 아무것도 해주지 않아야 한다. 변덕은 자연적인 것이 아닌 만큼 주변에서 그것이 생기게 하지만 않는다면, 아이가 그것에 고통받는 일은 없을 것이기 때문이다. 이것이 세 번째 준칙이다.

어린아이의 언어와 몸짓을 세심하게 연구해야 한다. 그 연령대는 감정을 전혀 숨길 줄 모르는 때이므로, 아이가 지닌 욕망 가운데 자연에서 바로 생겨난 욕망과 자기 개인의 생각이나 의견에서 비롯된 욕망을 구분하기 위해서다. 이것이 네 번째 준칙이다.

이러한 준칙들을 마련한 취지는 어린아이에게 진정한 자

유를 더 많이 주고 지배적 성향은 더 적게 주며, 아이 스스로 더 많은 것을 해보게 하고 다른 사람에게 요구하는 것은 덜 하게 하는 데 있다. 이렇게 일찍부터 자신의 욕망을 자신이 가진 힘에 맞게 제한하는 것에 익숙해지면 아이는 자기 능력으로 얻을 수 없는 것에 대해 결핍감을 거의 느끼지 않을 것이다.

따라서 이것은 어린아이의 몸과 팔다리를 자유롭게 해주어야 하는, 새롭고도 매우 중요한 이유가 된다. 아이가 높은 곳에서 떨어질 위험이 없도록 하고, 아이를 다치게 할 물건은 손이 닿지 않게끔 주의를 기울이기만 한다면 말이다.

몸과 팔이 자유로운 아이가 배내옷으로 꽁꽁 싸인 아이보다 덜 우는 것은 틀림이 없다. 신체적 욕구만 알고 있는 아이는 고통스러울 때만 운다. 이것은 대단히 큰 이점이다. 이런 경우 아이가 도움이 필요한 순간을 금방 알 수 있고, 가능한 한 빨리 아이를 도와줄 수 있기 때문이다. 그러나 만약 아이의 고통을 덜어줄 수 없다면 아이를 달래기 위해 너무 어르지 말고 가만히 있도록 하라. 당신이 쓰다듬어 만진다고 해서 아이의 복통이 낫지는 않을 것이다. 그 대신 아이는 당신이 자기를 어르게 하려면 어떻게 해야 하는지를 기억할 것이다. 일단 아이가 당신을 자기 뜻대로 부릴 줄 알게 되면 아이는 당신의 주인이 되고, 모든 것은 수포로 돌아간다.

어린아이는 움직이는 데 방해를 덜 받을수록 덜 울 것이다. 어른도 아이의 울음소리에 덜 시달릴수록 울음을 그치게 하기 위한 수고가 적어질 것이다. 어린아이도 위협을 받거나 달램을 받는 일이 적을수록 겁을 내거나 고집을 피우는 일이 적어져, 자연 상태에 한층 더 잘 머무르게 될 것이다. 아이의 탈장脫腸은 아이를 울게 내버려두어서가 아니라 울음을 그치게 하려고 안달복달하기 때문에 생긴다. 내가 경험한 바로는 돌보거나 간섭하지 않고 제멋대로 하도록 내버려둔 아이가 그렇지 않은 아이보다 탈장되는 일이 적다. 그렇다고 아이에게 소홀히 하라는 것은 아니다. 아니 오히려, 아이의 욕구를 미리 살펴서 아이가 울음소리로 그의 욕구를 알리지 않도록 하는 것이 중요하다.

그러나 나는 아이가 보살핌에 대해 오해하는 것 또한 원하지 않는다. 울기만 하면 매사가 잘 풀리는데, 아이가 어찌 울지 않을 수 있겠는가? 울음을 그치면 보상이 주어진다는 것을 안 아이는 쉽사리 울음을 그치려 하지 않을 것이다. 그리하여 나중에는 울음을 그치게 하는 데 필요한 값이 너무 커져 더 이상 누구도 아이를 감당할 수 없게 된다. 그렇게 되면 아이는 아무런 성과 없이 울어댈 뿐만 아니라, 애만 쓰고 기진맥진해져서 건강을 해친다.

묶여 있지도 않고 아프지도 않으며, 또 아무것도 부족한 것이 없는데 아이가 오래 우는 것은 습관과 고집에서 비롯된 것일 뿐이다. 이 울음은 자연의 작품이 아니라 유모의 작품이다. 유모는 오늘 아이의 울음을 억지로 그치게 하면 내일 아이의 울음을 더 부추기게 된다는 생각을 못한 채, 아이의 성가신 울음에 항복함으로써 오히려 그 울음을 몇 배로 늘려 버린 셈이다.

이런 잘못된 습관을 바로잡거나 예방하는 유일한 방법은 울음소리에 전혀 관심을 보이지 않는 것이다. 아무 보람도 없이 고생만 하고 싶어 하는 사람은 없다. 아이도 마찬가지다. 아이는 처음에는 고집을 부려 계속 울어대겠지만, 당신이 아이보다 더 참을성을 발휘한다면 아이는 제풀에 지쳐서 두 번 다시 같은 짓을 하지 않을 것이다. 이렇게 하면 아이가 울지 않게 할 수 있고, 고통 때문에 어쩔 수 없는 경우 외에는 눈물을 흘리지 않는 버릇을 들일 수 있다.

그 밖에 아이가 변덕이나 고집 때문에 울 때, 울음을 그치게 하는 확실한 방법이 하나 있다. 그것은 아이가 우는 것을 잊을 만큼 유쾌하고 기발한 물건으로 아이의 관심을 돌리는 것이다. 대부분의 유모들은 이런 기술에 뛰어나며, 이 기술은 잘만 사용하면 대단히 효과적이다. 그러나 이때 무엇보다 중요한 것은 아이가 이것이 자기의 관심을 돌리기 위한 것임을 눈치채지 못하게 하는 것과, 남이 자기에게 신경 쓰고 있다는 것을 모른 채 즐거워하도록 해야 한다는 점이다. 그런데 이 부분에서 유모들은 하나같이 서투르다.

사람들은 너무 일찍 어린아이에게서 젖을 뗀다. 젖을 뗄 시기는 이가 나는 것으로 알 수 있는데, 이가 날 때는 보통 아프고 괴롭다. 이럴 때 아이는 기계적인 본능으로 손에 잡히는 모든 것을 종종 입으로 가져가 씹으려고 한다. 그러면 사람들은 식물상아[79]나 조랑말의 이빨처럼 단단한 것을 장난감으로 주어 아이가 쉽게 씹도록 도우려 한다. 그러나 이는 잘못된 생각이다. 단단한 것을 잇몸에 대면 잇몸이 부드러워지기는커녕 잇몸을 단단하게 만들어 이가 날 때 더 아프고 괴롭게 할 뿐이다. 언제나 본능을 본보기로 삼자. 우리는 강아지들이 이빨이 날 때 조약돌이나 쇠붙이, 뼈를 물어대는 것을 본 적이 없다. 그 대신 나무 조각이나 가죽, 헝겊처럼 부드럽고 이빨 자국이 쉽게 나는 것을 물어댄다.

사람들은 이제 어떤 것에 대해서도 검소할 줄 모른다. 심지어 어린아이들에 대해서도 그렇다. 은방울, 금방울, 산호로 만든 장난감, 다면체의 수정 세공품, 온갖 종류의 값비싼 딸랑이들. 모두 해롭기만 하고 이로움이 없는 장식품이다. 이것들은 전혀 필요치 않다. 방울도 딸랑이도 필요 없다. 열매와 잎이 달린 작은 나뭇가지, 사락사락 씨앗 맞닿는 소리가 들리는 양귀비 열매, 빨 수도 씹을 수도 있는 감초 뿌리 같은 것들은 화려하지만 조잡한 장식품들 못지않게 아이들을 즐겁게 해줄 것이며, 아이들이 어려서부터 사치에 물드는 불행을 예방해줄 것이다.

우유에 밀가루를 넣고 걸쭉하게 끓인 죽이 건강에 별로 좋지 않다는 것은 이미 알려져 있다. 끓인 우유와 생밀가루는 소화 불량을 일으키는 찌꺼기를 위胃 속에 많이 남기므로 인간의 위에 좋지 않다. 밀가루로 죽을 만들면 빵을 만들 때보다 익는 데 시간이 오래 걸리고 발효 과정도 건너뛰게 된다. 물에 빵을 풀어서 끓인 버터 수프나 쌀을 갈아 쑨 미음이 더 낫다. 밀가루죽을 꼭 만들고 싶다면 밀가루를 미리 조금 볶는 것이 좋다. 내 고향에서는 이렇게 볶은 밀가루로 아주 맛있고 건강에도 좋은 수프를 만든다. 고기를 넣어 끓인 국이나 포타주[80]는 그다지 영양가가 높지 않은 음식이므로 되도록 먹이지 않는다. 우선은 어린아이가 씹는 데 익숙해지도록 하는 것이 중요하다. 이것이야말로 이가 쉽게 나도록 하는 올바른 방법이다. 아이가 음식물을 삼키기 시작하면 음식물과 섞인 침이 소화를 촉진한다.

그러므로 나라면 아이에게 말린 과일이나 빵 껍질을 씹게 하겠다. 나는 아이에게 작고 딱딱한 막대기 모양의 빵이나 피에몬테 지방에서 그리스grisses라고 부르는 빵과 비슷하게 생긴 막대기 모양의 비스킷을 장난감으로 주겠다. 이런 것들을 입속에 넣고 우물거리다 보면 조금씩 삼키게 된다. 그러는 사이에 아이의 이도 올라올 것이고 저절로 젖도 떼게 될 것이다. 농촌 사람들은 대체로 위가 튼튼한데, 오직 이런 방법으로 어렸을 때 젖을 뗐기 때문이다.

어린아이는 태어나면서부터 사람들이 말하는 것을 듣는

다. 사람들은 아이가 말을 알아듣기도 전에, 또한 들은 말소리를 따라 할 수 있기도 전에 아이에게 말을 건넨다. 아직 제대로 발달하지 못한 아이의 신체 기관은 사람들이 내는 소리를 아주 조금씩 모방하는데, 그 소리가 우리 귀에 들리는 것처럼 그들의 귀에도 명확하게 들리는지는 확실하지 않다. 나는 유모가 노래나 재미있고 다양한 억양으로 아이를 즐겁게 해주는 것에 반대하지 않는다. 하지만 그녀의 말투나 말의 가락밖에 이해하지 못하는 아이에게 여러 가지 쓸데없는 말을 늘어놓아 아이를 끊임없이 어리둥절하게 하는 것은 반대한다.

나는 아이에게 처음 들려주는 말은, 종류가 많지 않고 쉽고 또렷하고 반복하기 편해야 한다고 생각한다. 또한 그 말이 나타내는 낱말은 무엇보다 아이에게 보여줄 수 있는 감각적인 사물과 관련 있는 것이 바람직하다. 뜻도 모르는 말을 쉽게 입에 올리는 불행한 습성은 생각보다 훨씬 일찍 시작된다. 초등학교 학생은 배내옷에 싸여 유모의 재깔이는 수다를 들었던 것처럼 교실에서 교사가 떠들어대는 이야기를 듣는다. 나는 오히려 이런 말들을 아이가 전혀 모르고 자라게 하는 것이 아이에게 유익한 교육법이라고 생각한다.

언어 능력의 형성과 아이들이 하는 최초의 말에 대해 언급하려고 하니 많은 생각이 한꺼번에 떠오른다. 그러나 우리가 어떻게 가르치건 아이들은 늘 똑같은 방식으로 말을 배운다.

여기에 일체의 철학적 고찰은 아무 쓸모가 없다.

　말하자면 아이들은 나이에 맞는 문법을 갖고 있으며, 문장을 구성할 때 어른들보다 훨씬 보편적인 규칙을 갖고 있다. 아이들이 말하는 것을 주의 깊게 들어보면 그들이 특정한 유추의 방법을 정확하게 따르고 있다는 데 놀랄 것이다. 이 유추가 이치에 맞지 않는 것이라고 할 수도 있겠지만 실은 대단히 규칙적이다. 그것이 못마땅하게 느껴지는 이유는 듣기에 익숙하지 않아 어색하거나 우리의 용법에서 벗어나 있기 때문이다.

　나는 최근에 어떤 아이가 자기 아버지에게 "Mon père, irai-je-t-y?(아버지, 제가 갈까요?)"라고 말했다가 가엾게도 심하게 야단맞았다는 이야기를 들은 적이 있다. 그런데 사실 이 아이는 우리의 문법학자들보다 유추의 방법을 더 잘 따른 셈이다. 왜냐하면 어른들이 그에게 "Vas-y(가라)"라고 종종 말했으니, 아이가 어찌 "irai-je-t-y?"라고 말하지 않을 수 있겠는가? 더군다나 그 아이는 얼마나 재치 있게 irai-je-y 또는 irai-je라는 구문에서 일어나는 모음충돌 현상을 잘 피하고 있는가? 우리가 이런 문장에서 한정 부사 y를 처리해야 할지 몰라 까닭 없이 그것을 빼버렸는데, 이 아이가 그것을 안 빼고 쓴다고 해서 그것이 그의 잘못이겠는가?[81]

　어린아이가 관습에 어긋나는 사소한 잘못을 했다고 해서 그것을 일일이 고치려 드는 것은 지나치게 현학적인 태도이고 가장 쓸데없는 보살핌 중 하나다. 그런 잘못은 시간이 지나면 아이 스스로 고치게 된다. 아이 앞에서는 항상 정확한 말을 쓰고, 아이가 누구보다도 당신과 함께 있는 것을 즐겁게 여기도록 하라. 그러면 당신이 아이의 언어를 고쳐주지 않아도 당신의 언어를 본떠 저절로 올바른 말을 구사하게 될 것이다.

그러나 이와는 전혀 다른 중요성을 띠면서도 이에 못지않게 예방하기 힘든 문제가 있다. 그것은 아이가 스스로 말을 배우지 못할까 조바심을 내, 말을 하게끔 서두른다는 것이다. 이런 분별없는 성급함은 정반대의 결과를 가져온다. 이로 인해 아이는 말이 더 늦어지고 또 말을 더 모호하게 하게 된다. 아이가 하는 말 하나하나에 너무 주의를 기울이다 보면 아이는 정확하게 발음할 필요성을 느끼지 않게 된다. 그렇게 되면 아이가 거의 입을 벌리지 않기 때문에, 그러한 대다수의 아이는 평생 발음상의 결함과 거의 알아들을 수 없는 어눌한 말투parler를 가지게 된다.

나는 오랫동안 농촌 사람들 사이에서 살았지만, 남녀노소를 막론하고 'r'을 불명확하게 소리 내는 사람을 본 적이 없다. 왜 그럴까? 농촌 사람들의 발음 기관이 우리 도시 사람들과는 구조가 달라서일까? 그렇지 않다. 그들은 단지 다른 방식으로 훈련이 되었기 때문이다.

내 방 창문으로는 동네 아이들이 모여서 노는 작은 언덕이

보인다. 거리가 조금 멀긴 하지만, 나는 그들이 하는 말을 모두 완벽하게 알아들을 수 있다. 나는 아이들의 말에서 종종 이 책을 쓰는 데 도움이 되는 힌트를 얻는다. 날마다 나의 귀는 그들의 나이를 착각한다. 내 귀에는 열 살쯤 된 아이의 목소리로 들리는데 막상 쳐다보면 서너 살쯤 되는 키와 앳된 모습이다. 이런 경험은 나만 하는 게 아니다. 나를 만나러 온 도시 사람들에게 물어보면 그들 모두 나와 똑같은 착각을 했다고 한다.

그 원인은 도시 아이들은 대여섯 살이 될 때까지 방 안에서 보모의 보살핌을 받으며 자라므로 혼자 우물대기만 해도 의사 전달이 되기 때문이다. 아이가 입술만 조금 움직여도 사람들은 그 뜻을 알아내려고 애를 쓴다. 사람들은 아이들이 표현하기 힘든 말을 그대로 따라 하게 한다. 그리고 아이의 말에 주의를 기울이는 사람은 늘 곁에 있는 똑같은 사람이기 때문에, 그들은 아이가 하려고 한 말을 말하기도 전에 미리 짐작해버린다.

농촌에서는 상황이 전혀 다르다. 농촌의 아낙은 항상 아이 곁에 있어줄 수 없다. 그러니 아이는 어머니에게 하고 싶은 말이 있으면 아주 분명하고 크게 말하는 법을 익혀야 한다. 들판에서는 아이들이 아버지와 어머니 그리고 다른 아이들과도 떨어져서 놀기 때문에 그들은 멀리 있는 사람들이 자기 말을 알아들을 수 있도록 훈련하고, 말을 전하려는 상대와의 거리에 따라 목소리의 크기를 조절하는 훈련을 한다. 바로 이런 훈련을 통해 아이들은 발음을 확실하게 습득하게 된다. 자기에게 늘 주의를 기울이는 보모의 귀에다 몇 마디 모음을 더듬거리며 말해 봐야 별 소용이 없다.

농촌의 아이에게 질문을 하면 부끄러워서 대답을 못 하기도 한다. 하지만 일단 입을 열면 아주 또렷하게 말을 한다. 반면 도시 아이의 경우에는 하녀가 통역을 해주어야 한다. 그러지 않으면 아이가 입속으로 중얼대는 말을 한마디도 알아들을 수가 없다.[82]

성장하면서 남자아이는 학교에서, 여자아이는 수녀원 학교에서 이런 결점을 교정하게 될 것이다. 실제로 이런 아이들은 계속 부모의 집에서만 자란 아이들보다 보통 말을 뚜렷하고 분명하게 한다. 그러나 이들이 농촌의 아이들만큼 명확한 발음을 갖지 못하는 이유는 많은 것을 암기하고 또 배운 것을 큰 소리로 암송해야 하기 때문이다. 아이는 공부하면서 말을 웅얼거리거나 건성으로 부정확하게 발음하는 습관이 생긴다. 이런 습관은 암송을 하면서 더 심해진다. 아이는 단어를 애써 찾아내느라 음절을 필요 이상으로 길게 늘인다. 기억이 잘 나지 않으면 말도 더듬거리게 마련이다. 이렇게 해서 발음상의 결함이 생기거나 그 습관이 굳어버린다. 나중에 알게 되겠지만 나의 에밀은 그런 결함을 갖지 않을 것이다. 아니 적어도 위에서 말한 이유들로는 결함을 갖게 되지 않을 것이다.

나는 보통 서민이나 농촌 사람들이 이와 정반대의 문제를 겪는다는 사실을 인정한다. 언제나 필요 이상으로 크게 말하고, 너무 정확하게 발음하려다 보니 도리어 발음은 너무 강하고 거칠어지며, 억양도 지나치게 강하고 어휘도 잘못 선택한다.

그러나 내가 보기에 이런 문제점은 앞서 말한 것들에 비해 훨씬 덜 해롭다. 대화의 제1 원칙은 자신의 말을 상대가 알아듣게 하는 것이다. 따라서 말하는 사람이 범하는 가장 큰 잘못은 상대에게 들리지 않게 말하는 것이다. 억양이 전혀 없다고 자랑하는 것은 문장에서 격조와 힘을 제거했다고 자랑하는 것과 다름없다. 억양은 대화의 혼이다. 억양은 대화에 감정과 진실성을 부여한다. 억양은 말보다 거짓이나 숨김이 없다. 교육을 잘 받은 사람들이 억양을 그토록 두려워하는 것은 아마도 그 때문일 것이다.

상대방이 눈치채지 못하게 조롱하는 관습은 모든 것을 똑같은 음조로 말하는 관습에서 생겨났다. 억양이 추방되면서 대신 나타난 것이 우스꽝스럽고 부자연스러우며 유행에 따라 수시로 변화하는 발음법인데, 이것은 특히 궁정의 젊은 이들에게서 많이 찾아볼 수 있다. 말과 몸가짐의 이러한 허식 때문에 일반적으로 다른 나라 사람들이 프랑스인과 대화할 때 혐오감과 불쾌감을 느끼는 것이다. 프랑스인은 자신의 말parler에 억양을 넣는 대신 가락을 붙인다. 이는 상대에게 호감을 주지 못하는 방법이다.

아이에게 좋지 않은 버릇이 되지나 않을까 걱정하는 언어상의 모든 사소한 결함들은 사실 아무런 문제도 되지 않는 것이어서 아주 쉽게 예방하거나 교정해줄 수 있다. 하지만 아이가 작은 소리로 모호하게 머뭇머뭇 말하도록 내버려두거나, 아이의 음조를 끊임없이 비판하고 아이가 사용하는 단어의 잘못을 일일이 들춰냄으로써 키워버린 결함들은 결코 고쳐지지 않는다. 사교계의 규방83에서만 화법을 배운 남자는 군대의 선두에서 명령을 해도 부하들에게 잘 전달하지 못할 것이며, 폭동이 일어나도 군중을 제압하지 못할 것이다. 우선 남자에게 말하는 것을 가르쳐라. 그러면 필요할 때 여자에게도 훌륭하게 말할 수 있을 것이다.

농촌이나 소박한 전원의 정취 속에서 자라난 아이들은 목소리가 맑고 또랑또랑해서 도시의 아이들처럼 우물거리거나 더듬대며 말하는 습관은 들지 않을 것이다. 그렇다고 농촌 사람들의 어조나 표현에 물들지도 않을 것이다. 설령 물들었다 해도 쉽게 그것을 버릴 수 있을 것이다. 왜냐하면 태어날 때부터 아이와 함께 생활하고 날이 갈수록 아이에게 더 밀착해 생활하는 선생maître이 정확하게 언어를 사용함으로써 농촌 사람들의 언어로부터 아이가 영향을 받지 않도록 하거나, 나쁜 영향을 없애줄 것이기 때문이다. 에밀은 내가 할 수 있는 한 가장 순수한 프랑스어를 구사할 것이고 나보다 훨씬 더 또렷하게 말하고 명확하게 발음할 것이다.

　말을 배우고자 하는 아이에게는 이해할 수 있는 낱말만 들려주고, 아이가 분명하게 발음할 수 있는 낱말만 말하게 해야 한다. 그렇게 하면 아이는 같은 음절을 여러 번 되풀이하게 되어, 마치 분명하게 발음하는 훈련이라도 하는 것처럼 된다. 아이가 말을 더듬거리기 시작하면 무슨 말인지 짐작하려고 너무 애쓰지 말라. 언제나 남이 자기 이야기를 들어주기를 바라는 것 역시 일종의 지배욕인데, 아이는 어떠한 지배욕도 행사해서는 안 된다. 필요한 것을 깊이 신경 써서 마련해주는 것으로 충분하다. 당신이 필요로 하지 않는 바를 설득하는 것은 아이의 일이다. 아이에게 말을 해보라고 서둘러 요구하는 일은 더더욱 해서는 안 된다. 아이가 말을 할 필요성을 느끼게 되면 스스로 말을 잘하게 될 것이다.

　말을 아주 늦게 시작한 아이가 다른 아이들만큼 말을 똑 부러지게 못하는 것은 사실이다. 그러나 그것은 말을 늦게 시작해서 발음 기관에 문제를 일으킨 것이 아니라, 문제가 있는 발음 기관을 가지고 태어났기 때문에 말을 늦게 시작하는 것이다. 그렇지 않다면 다른 아이보다 말을 늦게 시작할 이유가 없는 것이다. 말할 기회가 적어서일까? 사람들이 말을 덜 시켜서 그런 것일까? 오히려 그 반대다. 사람들은 아이의 말이 늦다는 것을 알게 되면 불안해져 일찍부터 말을 또렷하게 했던 아이의 경우보다 더 조바심을 내며 말을 시키려 한다. 그런데 이런 그릇된 열의가 아이의 말씨를 더 혼란스럽게 할 수 있다. 조금만 더 기다려주면 아이는 여유를 갖고 한층 더 완전한 말을 배울 수 있다.

　너무 일찍부터 말을 하도록 재촉받은 아이는 정확하게 발음하는 법을 배울 시간도 없고, 사람들이 그에게 시키는 말을 제대로 이해할 시간도 없다. 반면에 아이 스스로 그것을 배우도록 내버려두면 아이는 먼저 가장 발음하기 쉬운 음절부터 연습을 한다. 그리고 거기에 몸짓을 통해 사람들이 이해할 수 있는 의미를 조금씩 덧붙이면서, 당신의 말을 받아들이기 전에 자신의 말을 당신에게 전달한다. 그 결과 아이는 당신의 말을 이해한 다음에야 그 말을 받아들이게 된다. 그 말의 사용을 재촉받지 않기 때문에 아이는 우선 당신이 그 말에 부여하는 의미를 잘 관찰하는 것에서 시작하여, 그것을 확인한 후에 당신의 말을 받아들여 사용한다.

　적당한 때가 되기도 전에 아이에게 서둘러 말을 시켜서 생기는 가장 큰 해악은 아이에게 들려주는 최초의 이야기와 아이가 하는 최초의 말이 아이에게 아무런 의미도 갖지 못한다는 것이 아니라, 아이가 우리도 모르는 사이에 그 이야기와 말에 전혀 다른 의미를 부여한다는 것이다. 그리하여 아이가 우리에게 아주 정확하게 대답하는 것처럼 보이지만, 정작 아이는 우리가 하는 말을 이해하지 못하고 우리도 아이의 말을 이해하지 못한 채 이야기하는 셈이다.

우리가 이따금 아이의 말을 듣고 놀라는 것은 대개 이와 같은 애매함 때문이다. 아이가 아무 생각 없이 한 말에 우리 멋대로 관념을 부여한다. 아이가 생각하는 낱말의 진정한 의미에 대해 우리가 주의를 기울이지 않는 것, 그것이 아이가 최초로 범하는 오류의 원인인 것 같다. 이 오류는 고쳐진 뒤에도 평생토록 남아 아이의 사고방식에 영향을 미친다. 이 점에 대해서는 앞으로 여러 사례를 들면서 설명하도록 하겠다.

그러므로 아이가 사용하는 어휘를 가능한 한 제한하는 것이 좋다. 자신이 가진 관념보다 더 많은 낱말을 알고 있다는 것, 생각할 수 있는 것보다 더 많은 말을 할 줄 안다는 것은 상당한 지장을 초래할 수 있다. 나는 일반적으로 농촌 사람들이 도시 사람들보다 올바른 정신을 갖고 있는 이유 중 하나가 그들이 사용하는 어휘가 적기 때문이라고 생각한다. 그들은 많은 수의 관념을 가지고 있지 않지만 그것들을 정확하게 비교할 수 있다.

유아기의 초기 발달은 모든 면에서 거의 한꺼번에 이루어진다. 아이는 말하는 것, 먹는 것, 걷는 것을 거의 동시에 배운다. 정확히 말해서 이 시기야말로 아이 인생의 제1기인 것이다. 이전까지는 어머니의 태내에 있을 때보다 나을 바가 없다. 감정도 없고 관념도 없다. 기껏해야 감각만 있을 뿐이다. 그는 자신이 존재하고 있다는 사실조차 느끼지 못한다.

그는 살아 있다. 그러나 자신이 살아 있다는 것을 의식하지 못한다.[84]

어린아이는
어린아이로 바라보아야 한다

루소는 《에밀》에서 "아이들에게 가르쳐야 할 학문은 오직 인간의 의무에 대한 것이다"(E. 266)라고 말한다. 이는 무엇보다 인간이 인간다울 수 있게 교육되어야 한다는 것이다. 루소는 기존의 교육이 변호사, 의사 혹은 기술자 등 미래의 직업인 양성에만 목적을 둔 채 직업에 대한 지식과 기술의 전달에만 가치를 둘 뿐 인간다운 인간의 형성에는 실패하고 있다고 비판한다. 또한 "인간은 교육을 통해 만들어"지며, 인간을 인간답게 기르는 것이 교육의 목적이라고 생각했다. 그러면 도대체 루소가 교육을 통해 기르려고 한 인간은 구체적으로 어떤 인간을 말하는 것인가? 그것은 한마디로 말해서 '자연인l'homme naturel'이다.

　　루소가 이상적으로 생각하는 교육은 자연에 따르는 교육이며 이 교육이 도달해야 할 목표는 '자연인'이다. 그렇다면 루소의 자연주의 교육 사상에서 가장 중요한 개념인 '자연'의 실체는 무엇인가? 《에밀》 제1권에서 루소는 자연을 다음과 같이 정의한다.

우리는 감각 능력을 지니고 태어나기 때문에, 태어난 직후부터 우리를 둘러싸고 있는 사물들에서 다양한 방식으로 영향을 받는다. 이를테면 우리는 우리의 감각을 의식하게 되자마자 그 감각을 일으킨 사물들을 추구하거나 피한다. 처음에는 그것이 우리에게 유쾌한지 불쾌한지에 따라서, 다음에는 그 사물과 우리 사이의 관계가 서로 잘 어울리는지 아닌지에 따라서, 마지막으로 이성이 우리에게 부여하는 행복이나 완전성의 관념에 근거하여 우리가 사물들에 대해 내리는 판단에 따라 그것을 추구하거나 피한다. 이러한 성향은 우리의 감성이 발달하고 지식이 증가함에 따라 점점 더 범위가 넓어지고 강해진다. 그러나 그런 성향도 우리의 습성에 얽매여 있는 까닭에 우리의 견해에 따라 다소 변질된다. 나는 이렇게 변질되기 전의 성향을 우리 안에 있는 자연이라고 부른다.(E. 248)

여기서 자연은 인간 본연의 본성을 의미한다. 루소는 우리가 가지고 태어난 감각 능력은 주변 사물로부터 다양한 영향을 받는데, 이러한 성향은 우리가 더 예민해지도록 하며 지식이 늘어남에 따라 확대되고 견고해진다고 보았다. 하지만 그 성향은 인간의 편견에 의해서 어느 정도 변질된다. 루소는 그러한 변질 이전의 성향을 인간에게 내재한 '자연'이라고 인식했다.

루소는 《에밀》에서 "자연을 관찰하고, 자연이 당신에게 제시하는 길을 따르도록 하라"(E, 259)라고 했다. 자연을 거슬러서 새로운 무엇을 강제로 주입하는 것이 아니라 자연의 뜻을 그대로 따르도록 하는 것이 좋은 교육이라는 것이다. 이는 인위적인 것들을 배격하고 인간 발달의 자연적인 법칙에 따라서 교육한다는 것을 의미한다. 이런 의미에서 루소는 자신의 교육 방법을 '자연적 교육éducation naturelle'이라고 불렀다.

루소의 말대로 아이는 선하게 태어난다. 그러므로 아이의 그 천성적인 선함을 유지하는 일이 중요하다. 교육은 당연히 이러한 본성 또는 심성을 망가뜨리지 않는 방향으로 이루어져야 한다. 교육은 아이의 성장 리듬에 주의를 기울이는 것을 전제해야 한다. "인생의 각 시기와 국면에는 그 나름의 완성이 있고 고유한 성숙이 있다."(E, 418)

루소가 보기에 아이들은 어른들보다 순수하며 '자연적 선함'을 더 잘 지킬 수 있다. 그 때문에 인위적으로 또는 강제로 아이를 어른으로 만드는 것은 최악의 교육이라고 할 수 있다. 루소는 적극적으로 아이들을 바꾸려는 교육에 반대하며 '소극적 교육éducation négative'을 대안으로 내놓았다. 이 교육 방법의 핵심은 아이가 자연스럽게 지식을 습득하고 선함을 유지할 수 있도록 아이를 어른들의 잘못된 영향과 간섭으로부터 떼어놓는 데 있다. 미덕이나 진리를 가르치기보다는 마음과 정신을 "오류와 악덕"으로부터 보호하는 데 역점을 두어야 한다는 뜻이다.

　루소는 출생부터 12세까지를 교육에서 가장 위험한 시기로 본다. 만일 이 시기에 '인간 본성'이 스스로 밖으로 나타나도록 하지 않으면 그 이후의 교육은 아무 소용이 없다는 것이다. 소극적 교육은 바로 이 시기에 이루어져야 한다.

　초기의 교육은 전적으로 소극적으로 이루어져야 한다. 미덕이나 진리를 가르칠 것이 아니라 아이의 마음을 악으로부터 보호하고, 아이의 정신을 오류로부터 보호하는 것을 목표로 해야 한다. 만일 당신이 아이를 위해 아무것도 하지 않거나 아이가 아무것도 하지 않게 내버려둘 수 있다면, 설령 아이가 오른손과 왼손을 구별할 줄 모르더라도 열두 살까지 건강하고 튼튼하게 길러낼 수만 있다면, 아이는 당신이 첫 수업을 시작하자마자 이성에 비추어 사리를 분별하고 해석하게 될 것이다. 아무런 편견과 습관이 없어 당신이 들이는 노력을 헛되게 할 만한 것은 전혀 없을 것이다. 머지않아 아이는 당신의 안내로 인간 가운데 가장 현명한 인간이 될 것이다. 그리고 당신은 아무것도 하지 않음으로써 훌륭한 교육의 성과를 거두게 될 것이다.(E, 323~324)

　그러므로 교육자는 모든 인위적이고 관습적인 개입을 중

지하고, 그 대신 '자연적 진행selon le progrès naturel'에 따라 힘을 써 도와주어야 한다. 가르치려 들지 말고 지켜주어야 한다. "자연을 대신해서 행동하려 하기 전에 자연이 하는 대로 오랫동안 그냥 내버려 둬라."(E, 343~344)

루소가 말하는 자연인은 "타락하지 않은 순수한 인간의 본질을 그대로 간직하고 있는 존재로서, 이념적이고 이상적인 인간이다."[85] 물론 이 자연인은 자연 속에 방치된 상태의 인간이 아니다. "자연이 만드는 인간homme de la nature으로 길러 내기를 원한다고 해서 그를 미개인으로 만들어 숲속 깊숙이 내던져버려서는 안 된다."(E, 550~551) 루소는 우리에게 반문한다. 순수한 자연 상태로 돌아가기 위해서 "사회를 파괴하여 내 것과 네 것의 경계를 없애고 숲으로 돌아가 곰들과 함께 살아야 할 것인가?"(《인간 불평등 기원론》)

루소의 표현을 빌리자면, 에밀을 교육하는 최종 목표는 에밀이 "도시에서 살도록 만들어진 미개인"으로 만드는 것이다. 그는 "도시에서 자신이 필요한 물건을 구하고 주민들을 이용할 줄 알아야 하며 그들처럼은 아니더라도 최소한 그들과 더불어 사는 법을 알아야 한다."(E, 483~484)

에밀에게 필요한 기술은 "자신과 같은 사람들과 함께 사는 방법을 아는 것이다."(E, 655) 하지만 현실에서 널리 행해지고 있는 교육은 그렇지 못하다. "사람들은 사회를 위해 교육한다고 한다. 그런데 그들은 마치 우리가 각자의 독방에서 홀로 사색하며 일생을 보내야 하는 것처럼 우리를 가르친다."(E, 543) 《에밀》이 개선하고자 하는 것이 바로 이런 점이다. 따라서 이 책은 교육 현장에서 사용할 수 있는 교본이 아니며, 교육의 원리에 관해 고찰한 책이라고 할 수 있다.

루소의 《에밀》은 한 교사가 에밀[86]이라는 아이가 태어나고 자라서 결혼하기까지, 건전하고 자유로우며 공화국에 합당한 시민으로 어떻게 자라는지 다양한 형식[87]으로 서술되어 있다. 루소는 이 책에서 아동의 성장 발달 단계를 다섯 단계로 구분해 단계별로 적합한 교육 과정을 제시한다. 이 발달 단계는 크게 영·유아기, 아동기, 소년기, 청년기 그리고 성년기로 나뉜다. 전부 5권(각각 나뉜 5권이라기보다 한 저작 안의 5부로 보는 것이 좋다)으로 이루어진 《에밀》의 각 권은 이 다섯 단계와 일치한다.

제1권

제1권은 출생부터 말을 배우기 전후까지의 시기를 다룬다. 이 시기의 아이들은 먹고 자고 배설하는 등의 본능적인 욕망만을 채우려 하므로, 이 시기에 필요한 교육은 그런 일차적 욕망을 적절히 충족하게 하는 것 외에 별다른 것이 없다.

루소는 아이에게 관심과 사랑을 베풀고 성장에 필요한 영양분을 충분히 공급해야 한다고 말한다. 무엇보다 아이를 건강하게 키우기 위해서는 모유를 먹이는 것이 중요하다고 한다. 루소는 아이에게 어머니가 직접 젖을 먹여(물론 에밀은 고아이기 때문에 아이에게 꼭 맞는 유모를 구해준다) 기를 것을 권장한다.[88]

어머니가 손수 자신의 아이를 젖을 먹여 키운다면 풍속은 자연스레 개선될 것이고, 모든 사람의 마음에서 자연의 감정이 되살아날 것이며, 나라의 인구도 다시 늘어나게 될 것이다. 어머니가 최초의 의무를 다하는 것, 그것만이 모든 것을 화합하게 할 것이다. 단란한 가정생활의 매력이야말로 나쁜 풍속에 대한 가장 좋은 해독제다. 귀찮게 생각되는 아이들의 소란도 기분 좋게 느껴지고, 그로 인해 아버지와 어머니는 서로를 더 필요로 하고 소중하게 여기며 부부간의 애정도 한층 깊어진다. 가정에 활기가 차고 생기가 가득하면, 살림살이에 관한 일은 아내에게 더없이 소중한 일이 되고 남편에게는 가장 기분 좋은 여흥이 된다. 이처럼 단 한 가지 잘못만 시정해도 모든 것이 바뀌고, 자연은 자신의 모든 권리를 회복하게 될 것이다. 일단 여성이 어머니의 자리로 되돌아가면 남성도 곧 아버지의 자리, 남편의 자리로 되돌아갈 것이다.(E, 258)

아이 양육에서 아버지의 역할도 무시할 수 없다. 루소는

"아이에게 진정으로 젖을 먹여야 할 사람이 어머니인 것처럼, 아이에게 진정으로 가정교사가 되어야 할 사람은 아버지다"라고 했다. 만약 아이가 "본래의 모습을 지니고 있기를 원한다면" "부모는 양육 방식과 각자의 역할에 대해 의견이 일치해야 한다. 어린아이는 어머니의 손에서 아버지의 손으로 건네져야 한다."(E, 262)

최초의 자연 상태에서 어린아이를 기르는 일은 어머니의 단독 책임이지만, 사회 상태에서 아이를 보살펴 자라게 하는 일은 부모의 공동 책임이며, 최종적인 교육의 책임은 아버지가 지게 된다. 루소는 다음과 같이 엄중하게 아버지의 양육 책임을 강조한다.

아버지는 자식을 만들고 키운다고 하지만, 그것만으로는 자기 임무의 3분의 1밖에 다하지 않은 셈이다. 아버지는 아이를, 인류에 대해서는 인간으로, 사회에 대해서는 사회인으로, 국가에 대해서는 시민으로 만들어야 할 의무가 있다. 이 세 가지 빚을 갚을 능력이 있음에도 그렇게 하지 않는 사람은 죄를 짓는 것이며, 그 빚을 절반만 갚는 것은 죄가 더 크다고 할 것이다. 아버지로서의 의무를 다하지 못하는 사람은 아버지가 될 권리가 없다.(E, 262)

루소는 영유아기의 교육에서 가장 중요한 것은 어린아이

가 '지배욕'을 갖지 않게 하는 것이라고 말한다. 아이들은 울음으로 욕구에 대한 불만을 표시한다. 우리는 아이의 울음을 멈추게 하려고 아이가 원한다고 짐작하는 일을 이것저것 해준다. "울음을 그치면 보상이 주어진다는 것을 안 아이는 쉽사리 울음을 그치려 하지 않을 것이다." 그리하여 울음은 간청에서 명령으로 변질된다. 필요 이상으로 아이를 돌보면 아이에게는 능력 이상으로 명령하려는 악습이 싹트고, 이어서 권력과 지배의 관념이 생겨나게 된다.

루소는 자연의 길을 벗어나지 않는 범위 내에서 자유롭고 예절 바르게 아이를 키우기 위해 필요한 네 가지 준칙을 제시한다.

첫 번째 준칙. "어린아이에게는 여분의 힘이라는 것이 없을 뿐 아니라 자연이 그에게 요구하는 것을 충족할 만한 힘조차 갖고 있지 않다. 따라서 자연이 그에게 준 힘을 다 쓰도록 내버려두어야 한다." 그렇게 해도 아이는 그 힘을 맘껏 다 쓰지 못할 것이다.

두 번째 준칙. "어린아이를 도와주고, 지력에서든 체력에서든 물리적 필요에 속하는 모든 것에서 그들에게 부족한 것을 보충해주어야 한다."

세 번째 준칙. "어린아이를 도와줄 때는 실제로 유용한 것에만 한정해야 한다. 어린아이의 변덕이나 근거 없는 욕망에 대해서는 아무것도 해주지 않아야 한다. 변덕은 자연적인 것이 아닌 만큼 주변에서 그것이 생기게 하지만 않는다면, 아이가 그것에 고통받을 일은 없을 것이기 때문이다."

네 번째 준칙. "어린아이의 언어와 몸짓을 세심하게 연구해야 한다. 그 연령대는 감정을 전혀 숨길 줄 모르는 때이므로, 아이가 지닌 욕망 가운데 자연에서 바로 생겨난 욕망과 자기 개인의 생각이나 의견에서 비롯된 욕망을 구분하기 위해서다."(E. 290)

루소는 이상과 같은 준칙의 목적이 "어린아이에게 진정한 자유를 더 많이 주고 지배적 성향은 더 적게 주며, 아이 스스로 더 많은 것을 해보게 하고 다른 사람에게 요구하는 것은 덜 하게 하는 데 있다"고 말한다.

또 아이를 돌볼 때 아이에게 진정으로 필요한 것이 무엇인지 판단하여 그것만 신속하게 충족해주고, 변덕에 굴복하거나 이유 없는 욕망에서 비롯된 행위를 허용해서는 안 된다고 조언한다.

루소는 어린아이의 교육에 관한 당시의 저작들을 참조하면서, 배내옷을 비롯해 아이의 육체적 성장에 방해가 되거나 아이의 자유를 구속하는 모든 것들은 배제되어야 하고, 말이나 셈을 일찍 가르치려 해서도 안 된다고 주장한다. 또 유모를 어떻게 선택해야 하는지, 아이를 왜 시골에서 키워야 하는지, 찬물 목욕이 왜 좋은지, 시각과 청각, 촉각 등의 감각을 어떻게 훈련해야 하는지에 관해서도 다양한 의견을 제시한다.

제2권

제2권은 2세부터 12세까지의 아동기를 다룬다. 이 시기에 아이는 하나의 정신적 존재가 되지만, 여전히 자기 주위의 사물로부터 벗어나지 못한 상태다. 이때는 아이를 연령에 맞게 돌보는 것이 가장 중요하다. 따라서 이 시기의 교육은 감각의 교육이어야 하고 이성으로써 어린아이를 교육하려 해서는 안 된다. 이와 같은 이유에서 루소는 말로 하는 어떤 종류의 교육도 의미가 없다고 생각한다. 언제나 체험을 통해서 세상을 이해하도록 해야 한다.

아동은 육체적 감각을 통해 사물을 이해하기 시작한다. 그는 감각적 이성을 지니고 있으며, 감각적 이성의 계발은 육체의 자유로운 사용에서부터 시작되는 것이다. 루소는 육체와 신체 기관과 감각과 힘을 사용하게 하라고 주장하면서 가능한 한 영혼은 아무것도 하지 않게 하라고 말한다.

그는 아동기에 가장 중요한 교육 가운데 하나가 감각의 훈련이며, 우리 안에서 형성되고 완성되는 최초의 능력이 감각기관이라고 설명한다.

어린아이는 어른보다 작다. 어른만큼의 힘이나 이성을 갖고 있지도 않다. 그러나 아이는 어른과 같거나 거의 비슷하게 보고 듣는다. 어른만큼 섬세하지는 않지만 어른에 못지않은 예민한 미각을 가지고 있으며, 어른처럼 감각적 쾌락을 추구하지는 않지만 어른과 같이 냄새를 구분할 줄 안다. 감각은 우리 안에서 최초로 형성되고 완성된다. 따라서 아이에게 감각을 제일 먼저 길러주어야 한다. 그런데 사람들은 감각을 잊고 있거나 가장 소홀히 여긴다. 감각을 훈련한다는 것은 단순히 그것을 사용하는 데 그치는 것이 아니라 감각을 통해 올바르게 판단하는 법을 배우는 것으로, 이를테면 느끼는 법을 배우는 것이라 할 수 있다.(E, 380)

루소는 인간이 가진 다섯 가지 감각(시각, 촉각, 청각, 미각, 후각)을 적절히 발달시킬 때 아이가 건강한 인간으로 성장할 수 있다고 보았다. 이러한 오감의 발달은 여섯 번째 감각인 상식sens commun의 발달을 자연스럽게 가져오는데, 루소는 이것을 '감각적 이성 또는 유치한 이성'이라고 부르면서 이에 적합한 교육을 실시할 것을 당부한다.

또 어린이의 신체 훈련이 매우 중요하다고 말하면서, 지속적으로 신체를 단련해 자연에서 오는 고통을 이겨내는 강인함을 기를 것을 주문한다.

어린아이를 현명하고 이성적인 인간으로 키우고 싶다면 그를 강건하고 튼튼하게 만들라. 일하게 하고, 행동하게 하고, 달리고 소리 지르고 항상 움직이게 하라. 우선은 어른 정도의 기력을 갖게 하라. 그러면 곧 이성 면에서도 어른이 될 것이다.
〔…〕 끊임없이 움직이고 있으므로, 자연스럽게 많은 것을 관
찰하고 많은 결과를 알게 된다. 그는 일찍부터 풍부한 경험을
얻는다. 인간이 아닌 자연에서 교훈을 얻는 것이다. 자신을 가
르치려는 의도를 어디서도 발견하지 못하므로 그만큼 더 잘
배우게 된다. 이를 통해 아이의 신체와 정신은 동시에 단련된
다. 항상 타인의 생각이 아닌 자신의 생각대로 행동하기 때문
에 신체와 정신의 두 작용이 계속해서 행해진다. 몸이 튼튼하
고 강건해질수록 더 분별 있고 바른 판단력을 갖춘 인간이 된
다. 이는 일반적으로 양립될 수 없다고 생각되지만, 거의 모든
위대한 사람들이 겸해서 가졌던 신체의 힘과 정신의 힘, 이른
바 현자의 이성과 장사壯士의 기력을 장래에 갖게 되는 방법
이다.(E, 361)

루소는 이러한 상황에서 읽기와 쓰기를 가르치는 것은 아
이의 신체 활동을 방해하므로 삼가야 한다고 말한다. 루소는
독서를 '재앙'이라고 칭한다.

독서는 아이에게 재앙임에도 어른들은 빠트리지 않고 이를
거의 유일하게 시킨다. 그러나 에밀은 열두 살이 되어서야 비
로소 책이 무엇인지를 알게 될 것이다. 사람들은 적어도 글
은 읽을 줄 알아야 한다고 말할 것이다. 나도 그 말에 동의한

다. 독서가 그에게 도움이 될 때가 되면 글을 읽을 수 있어야 한다. 그러나 그때까지 독서란 아이를 지겹게 만들 뿐이다.(E, 357)

무엇보다 이 시기의 교육은 지식을 얻는 것보다 지식을 얻는 도구인 신체 기관을 연마하는 것이 목표이기 때문에 소극적으로 이루어져야 한다. 그 교육은 아이를 혼자 자유롭게 내버려둔 채 아무 말도 하지 말고 아이의 행동을 주시하고 지속적으로 관심을 갖는 교육이다. 루소는 행복은 무엇보다 욕망을 실현할 수 있는 능력에 비해 지나치게 큰 욕망을 줄이는 데에 있다고 보고, 아이의 힘과 욕구와 의지를 균형 잡히게 해야 한다고 주장했다. 무질서와 혈기를 적절히 조절함으로써 아이가 정말로 자유로워지고, 자신이 이룰 수 없는 것 때문에 괴로워하지 않고, 자기 나이에 합당한 모든 기쁨을 누릴 수 있게 된다는 것이다.

루소는 제2권 마지막 부분에서 아동기의 교육이 성공했을 때 얼마나 조화롭고 행복한 12세의 제자를 얻을 수 있는지를 다음과 같이 묘사한다.

그는 민첩하고 경쾌하며 생기발랄하다. 그의 동작에는 그 나이에 어울리는 활달함이 가득하다. 하지만 그가 무엇이든 다 해보려고 하는 것은 아니다. 무엇을 하려고 하든 스스로 자신의 능력을 벗어나는 일은 아무것도 하려고 하지 않을 것이다. 이미 자신의 힘을 충분히 시험해봐서 알고 있기 때문이다. 〔…〕 일을 하건 놀건 어느 것이나 그에게는 마찬가지다. 놀이가 곧 일이어서 아무런 차이를 느끼지 못한다. 그는 자신의 재주와 지식의 정도를 같이 보여주면서 자신이 하는 모든 일에 관심을 끌어 웃음 짓게 하며, 자유를 발휘하여 사람들을 즐겁게 한다. 번쩍이는 두뇌로 아는 지식을 드러내며 우스울 정도로 관심을 집중하고 기분 좋은 자유를 불어넣는다. 생기 있고 쾌활한 눈, 만족스럽고 평온한 태도, 개방적이고 유쾌한 표정의 귀여운 아이가 더할 나위 없이 진지한 일을 장난치듯이 하거나 너무도 하찮은 놀이에 정신이 팔려 몰두하는 것은, 그 나이 또래의 아이들에게서나 볼 수 있는 매력적이고도 흐뭇한 광경이 아니겠는가?(E, 422~423)

제3권

제3권은 12세부터 15세까지의 소년기를 다룬다. 이 시기는 아동기에서 청년기로 넘어가는 과도기로서, 아이의 힘이 그의 욕구를 만족시키고도 남을 때다. 이때의 관건은 넘치는 힘을 생활에 유용한 학문을 공부하는 데 쓰도록 하고, 사회에서 독립적으로 살 수 있게끔 유용한 기술을 두루 배울 수 있도록 방향을 전환하여 교육하는 것이다.

소년기는 "개인이 자신이 원하는 것 이상을 할 수 있는" 시기이며, 상대적으로 최대한의 힘을 갖는 시기다. 또 "개인의 생애 중 가장 값진 시기로서 단 한 번밖에 오지 않는 시기다. 또한 지극히 짧은 시기다."(E, 427) 그런 만큼 이때를 잘 활용하는 것이 중요하다.

그렇다면 남아도는 역량과 힘으로 도대체 무엇을 할 것인가? 루소는 그것들을 적재적소에 사용해야 한다고 말한다. 즉 현재의 여분을 미래를 준비하는 데 투입해야 한다는 것이다. "건강한 어린이가 허약한 어른이 될 것을 대비하여 역량과 힘을 저장해두는 셈이다. 그러나 그는 도난당할 우려가 있는 금고 속이나 알지 못하는 남의 헛간 속에 저장고를 마련하지는 않을 것이다. 자기가 얻은 것을 완전히 자기 것으로 만들기 위해 그는 자신의 팔과 머릿속에, 자기 자신 안에 그것을 놓아둘 것이다."(E, 427) 따라서 이때가 바로 일과 학습과 공부를 해야 할 시기다. 그런데 여기서 유의할 것은 이러한 시기 선택은 어린아이가 자의적으로 하는 것이 아니라 자연이 지정해준다는 점이다.

루소는 소년기의 어린이에게 활동의 원동력이 되는 것은 올바르게 인도된 호기심이라고 했다. 이 호기심의 최초 원리는 행복에 대한 타고난 욕망과 그 욕망을 완전히 충족시키는 것이 불가능하기 때문에 끊임없이 그 욕망을 채워주는 데 도움이 될 새로운 수단을 추구하는 데 있다. 아울러 인간의 마음에 자연스러운 호기심에 의해서 습득된 지식이야말로 우리가 추구하는 지식이라고 덧붙인다.

한 철학자가 무인도에 떨어져 실험 도구와 책만 가진 채 남은 인생을 혼자 보낸다고 상상해보라. 그는 더 이상 우주의 영역이나 인력의 법칙이나 미분법 따위에 신경 쓰지 않을 것이다. 그는 살면서 단 한 권의 책도 펼쳐보지 않을 것이다. 반면에 그는 섬이 어마어마하게 클지라도 그곳을 구석구석 답사하는 일을 결코 포기하지 않을 것이다. 그러므로 우리는 조금이라도 인간에게 자연스럽지 못한 지식들을 우리의 최초 연구에서 제외하고, 본능이 우리를 탐구에 이끄는 지식들에만 관심을 집중하자.(E, 429)

물리학, 천문학, 기하학처럼 자연을 관찰하는 학문을 공부하고, 책이 아닌 관찰과 경험과 실험을 통해 예리한 지성을 갖추어야 한다. 호기심을 자극하는 것만으로는 충분하지 않다. 어린이는 스스로 얻은 지식이 유용하다는 것을 느껴야 한다. 예컨대 교사는 어느 정오의 천문학 수업에서 일부러 에밀이 몽모랑시의 북쪽 숲에서 길을 잃게 함으로써, 별자리에 대한 지식과 방향을 찾는 데 유용한 경험을 제공한다. 마을이 숲의 남쪽에 있고, 그림자의 반대 방향으로 가면

마을에 도달할 수 있음을 가르쳐주는 것이다. 루소는 이렇게 말한다. "가능한 한 행동으로 가르쳐야 하고, 행동으로 할 수 없는 것만을 말해주어야 한다."(E, 451)

이 시기에 에밀은 난생처음으로 책다운 책을 읽게 된다. 그 책은 《로빈슨 크루소》다. 이 책은 "자연 교육에 관한 가장 만족할 만한 개론"으로 에밀에게 "오락거리인 동시에 가르침"이 되어 줄 것이다.

로빈슨 크루소는 그 섬에서 동료의 도움이나 어떤 기술적 도구 없이 혼자서 자신의 생존과 자기 보존에 필요한 것을 준비했으며, 심지어 안락한 생활이라 할 수 있는 것마저 누렸다. 이것이야말로 어느 나이의 사람에게든 흥미진진한 대상이며, 수천 가지 방법으로 아이들을 즐겁게 할 만한 소재다. 그것은 내가 처음에 비교의 예로 든 무인도를 우리가 실현하는 방법이다. [⋯] 이 소설은 로빈슨이 섬 근처에서 난파한 것에서 시작하여 그를 구하러 배가 도착하는 것으로 끝나는데, 에밀에게는 지금 다루고 있는 시기에 단순한 오락거리뿐만 아니라 교육의 기회를 제공한다. 나는 에밀이 이 책에 완전히 빠져 끊임없이 자신의 저택과 염소와 농장에 대해 생각하기를 바란다. 그리하여 로빈슨 크루소와 같은 상황에서 그가 알아야 할 모든 것을 책 속에서가 아니라 사물을 통해 자세히 배우기를 바란다.(E, 455)

로빈슨 크루소는 인간의 세계에서 고립되어 사물의 세계에서만 살아가며, 어떤 기술이나 도구의 도움 없이 혼자서 자기 보존, 즉 생존에 필요한 것을 마련한다. 그에게는 금이나 다이아몬드보다 철이나 유리가 훨씬 더 값지며, 대장장이의 기술이 금은 세공사의 기술보다 훨씬 유용하다. 그리하여 에밀은 농사일, 대장간 일, 목수 일의 순으로 기술이 중요함을 알게 된다.

루소는 사회의 모든 계층이 생존하기 위해 정당한 노동을 해야 할 의무가 있다고 생각했다. 노동은 스스로 살길을 찾아 살아가는 능력을 갖추게 할 뿐 아니라 사회관계에 대한 관념을 형성하는 데에도 도움이 된다. 아이는 "자신에게 필요한 도구들을 얻기 위해서는 그 이상으로 다른 사람들에게 필요한 것을 자기가 갖고 있어야 한다는 것을 알게 된다. 그래야 자신의 것을 다른 사람의 수중에 있는 것과 교환하여 얻을 수 있기 때문이다."(E, 467) 그리하여 어린이는 교환이라는 것이 사회를 성립시킨다는 것을 알게 되고, 사회에서 자기 역할을 마련하는 일을 배움으로써 사회적 인간의 기초를 다지게 되는 것이다.

자기 벌이를 하지 않으면서 빈둥대며 먹고사는 자는 도둑질로 먹고사는 것과 같다. 아무 일도 하지 않으면서 국가가 주는 연금으로 생활하는 사람은 행인들을 등쳐 먹고 사는 노상

강도와 거의 다를 바가 없다. 사회 밖에서 누구에게도 신세 지지 않고 고립 속에서 살아가는 인간은 자기 마음대로 살 권리가 있다. 그러나 필연적으로 다른 사람들에게 신세 지며 살아가야 하는 사회 속에서 인간은 노동을 통해 그의 생계비를 대야 한다. 여기에 예외란 없다. 그러므로 노동은 사회적 인간에게 필수적인 의무다. 부자든 빈자든 강자든 약자든, 무위도식하는 시민은 누구나 다 사기꾼이다.(E, 470)

한 인간이 경제적으로 독립적인 삶을 살기 위해서는 여러 유용한 기술이 필요하다. 그중에서 루소는 에밀에게 목수 일을 가르친다. "그것은 정직하고 유용하며 집에서도 할 수 있는 일이다." 그것은 무엇보다 몸을 충분히 움직이게 하고, "손으로 일하는 습관과 더불어 성찰과 명상에 대한 취미를" 갖게 할 수 있다. "신체 훈련과 정신 훈련의 균형과 휴식"이 교육의 중요한 비결이라면, 이로써 아이를 행동하고 생각하는 존재로 만들 수 있다.(E, 478, 480)

소년기의 교육이 완성되면서 15세가 된 에밀은 "근면하고 절제할 줄 알며 참을성 있고 굳건하며 용기로 가득 차 있다"(E, 487)고 루소는 확신한다. 에밀은 약간의 고통에만 민감하며 끈기 있게 참아 낼 줄도 안다. 죽음에 대해서는 아직 그것이 무엇인지 잘 모르지만 저항하지 않고 필연성의 법칙을 받아들이는 데 익숙하다. 루소는 14년 동안 에밀에게 기울인 교육의 대차대조표를 다음과 같이 제시한다.

한마디로 말해서 에밀은 자기 자신과 관련된 거의 모든 미덕을 갖추고 있다. 이와 더불어 사회적인 미덕까지 가지기 위해 그러한 미덕이 필요한 관계를 아는 일만이 남아 있다. 그에게 부족한 것은 오직 그의 정신이 언제라도 받아들일 준비가 되어 있는 지식뿐이다. 〔…〕 그에게는 건강한 몸과 민첩한 손발, 편견이 없는 올바른 정신, 정념에 사로잡히지 않는 자유로운 마음이 있다. 모든 정념 가운데 가장 으뜸이고 가장 자연적인 이기심은 아직 거의 나타나지 않았다. 그는 어느 누구의 평화도 깨뜨리지 않고, 자연이 허락하는 범위 내에서 만족해하며 행복하고 자유롭게 살아왔다.(E, 487~488)

에밀은 자기 자신과 관련하여 갖추어야 할 미덕은 모두 갖추고 있다. 루소는 여기에 사회적인 미덕을 갖추는 일이 남았다고 말한다. 에밀은 행동하고 생각하는 존재이지만 그를 인간으로 완성하기 위해 "자애심 많고 다정다감하며 인정 많은 존재로 만드는 일만이 남아 있다. 말하자면 감정에 의해 이성을 완성하는 일이다."(E, 481) 이것이 루소가 다루려는 인생의 네 번째 단계이다.

제4권

제4권은 청년기의 교육론으로, 사춘기를 포함해 15세부터 20세까지를 다룬다. 루소는 인간은 두 번 태어난다고 말한다. "한 번은 존재하기 위해서, 다른 한 번은 생존하기 위해서다. 처음에는 인간이라는 종種으로, 다음에는 남성이나 여성으로 태어난다."(E, 489) 청년기의 '격렬한 급변'은 '정념의 웅성거림'에 의해 시작되며, 기질의 변화에 대한 정신적인 징후와 함께 몸에도 눈에 띄는 변화가 나타난다. 루소는 이 시기를 제2의 탄생이라고 부르면서, 그냥 인간이었던 존재가 비로소 한 인격체로 성장하는 시기로 보았다. "바로 여기에서 인간은 진정으로 인생에 눈을 뜨며, 인간과 관련된 것은 어느 것도 그와 무관하지 않게 된다."(E, 490)

인간의 정념은 인류 보존을 위한 주요 도구다. 정념을 갖는 것은 인간의 본성이며, 정념의 원천은 자연이다. 그것은 "우리의 자유를 위한 도구이고 우리를 보존하게 하는 것이다."(E, 491) 《에밀》의 제4권 앞부분에서 루소는 자연 상태의 자기애amour de soi와 사회 상태의 이기심amour-propre이라는 정념을 구분하여 설명한다. 우선 자기애는 "우리 정념의 원천, 모든 다른 정념의 기원이자 원인이며, 인간과 함께 태어나 인간이 살아 있는 한 결코 인간을 떠나지 않는 유일한 정념"(E, 491)이다. 자기애는 원초적이고 선천적이며 모든 다른 정념에 앞서는 정념이다.

자기애는 항상 선하며 언제나 자연의 질서에 부합한다. 인간은 누구에게서든 자기를 보존할 임무가 있으므로, 그가 배려해야 할 가장 우선적이고 중요한 것은 끊임없이 자기 보존에 주의를 기울이는 것이며 또 마땅히 그래야만 한다. 그런데 그 일에 가장 큰 관심을 갖지 않는다면 어떻게 그만한 주의를 기울일 수 있겠는가? 따라서 우리는 자기를 보존하기 위해 자신을 사랑해야만 한다. 그리고 우리는 그런 감정의 직접적 결과로서 우리를 보호해주는 것을 사랑한다.(E, 491)

자기애는 자기 자신만 생각하기 때문에 자신의 욕구가 충족되면 해결된다. 하지만 이기심은 타인을 의식하고, 타인에게 인정받기를 원하는 감정이다. 이기심이 지나치면 타인을 속이고, 시기하고, 파괴하려 든다.

자기애는 자기 자신과 관계되는 것만 고려하기 때문에 자신의 욕구가 충족되면 만족한다. 그러나 이기심은 자신을 타인과 비교하기 때문에 결코 만족하지 못하며 또 만족할 수도 없다. 왜냐하면 타인보다 자신을 더 좋아하는 이 감정은 타인보다 자기 자신을 더 좋아하면서 타인에 대해서도 그 자신보다 자기를 더 좋아하기를 원하기 때문이다. 그런데 이는 불가능한 일이다. 그러므로 부드럽고 애정이 담긴 정념은 자기애에서 생겨나고, 남을 미워하고 걸핏하면 화를 내는 정념은 이기심에서 생겨나는 것이다. 따라서 욕구를 적게 갖고 자기를 되도록 남과 비교하지 않으면 인간은 본질적으로 선해진다. 반면에 욕구를 많이 갖고 남들의 의견에 지나치게 집착하면 인간은 본질적으로 악해진다.(E, 493)

소년기까지 에밀은 사회에서 홀로 존재하는 자연인처럼 키워졌다. 그에게 중요한 것은 사물과의 관계 속에서 자신을 인식하는 것이었다. 반면에 청년기에는 사람들과의 관계 속에서 자기 자신을 탐구하는 것이 중요해진다. 자아 형성이 자연적 과정에서 사회적 과정으로 전환되는 이 시기야말로 진정으로 중요한 교육이 시작되는 시기다.

인간에게는 그가 맺고 있는 관계들에 대한 연구가 필요하다. 인간이 자신의 육체를 통해서만 자신을 인식하는 동안에는 자기 자신과 사물과의 관계를 통해 자기를 연구하면 된다. 이것은 어린 시절에 이루어진다. 그러나 자신을 도덕적 존재로 인식하기 시작하면, 그는 인간과의 관계를 통해 자기를 연구해야 한다. 이것은 지금 우리가 도달한 이 시기에 시작해 전 생애에 걸쳐 해야 하는 일이다.(E, 493)

청년기에 인간은 자신을 둘러싸고 있는 사람들에게 관심을 갖기 시작하며, "인간은 혼자 살도록 만들어지지 않았다는 것을 느끼기 시작한다. 이렇게 해서 인간의 애정에 대해 마음이 열리고 애착을 가질 수 있게 된다."(E, 502)

동정심은 다른 사람의 존재를 의식하게 될 때 생겨나는 감정이며, "자연의 질서에 따라 인간의 마음을 움직이는, 최초의 상대적 감정"이다.(E, 505) 타락하여 방탕하게 놀아나는 젊은이들은 몰인정하고 잔인하다. 그들은 동정심도 자비심도 모른다. 반대로 소박하게 잘 자란 젊은이는 "자연의 최초 운동에 따라 부드럽고 애정 어린 정념으로 인도된다. 남의 어려운 처지를 안타깝게 여기는 마음은 보편적인 인간들의 고통에 흔들린다."(E, 502)

그는 남의 마음을 상하게 한 것을 후회하고, 자신이 입힌 상처에 눈물을 흘리며, 자신의 잘못을 기꺼이 뉘우치고 남에게 용서를 구하듯이 다른 사람의 잘못을 흔쾌히 용서한다. 그는 누구보다도 관대하고 선량하며 다정하고 상냥하다.

인간을 사회적인 존재로 만드는 것은 인간의 나약함faiblesse이다. 우리의 마음을 인간애로 이끄는 것은 우리들 공통의 비참함이다. 우리가 인간이 아니라면 인간애 같은 것을 느낄 필요가 전혀 없을 것이다. 모든 애착은 부족함이 있다는 증거다. 우리 각자에게 다른 사람이 전혀 필요하지 않다면, 서로

협력하려는 생각 따위는 거의 하지 않을 것이다.(E, 503)

인간은 불완전한 존재이기 때문에 다른 사람에게 애착을 느낀다. 만약 불완전한 존재가 자족할 수 있다면 그는 외롭고 불행할 것이다. 루소는 "아무것도 필요하지 않은 사람은 무언가를 사랑할 수 있다고 생각하지 않으며, 그 무엇도 사랑하지 않는 사람은 행복할 수 있다고 생각하지 않는다"라고 말한다.(E, 503)

결국 우리가 같은 인류인 인간에게 애착을 갖는 것은 그에 따른 즐거움 때문이 아니라 그들의 고통을 느끼기 때문이다. 루소에 따르면 우리는 거기서 인간의 본성이 동일하다는 것, 그리고 그들이 우리에게 틀림없이 애착을 가질 것이라는 보증을 받을 수 있다. 또한 우리에게 공통되는 비참함은 우리를 사랑으로 한데 모을 수 있다. 루소는 행복한 사람의 모습은 우리에게 질투심을 유발한다고 했다.

동정심은 달콤하다. 왜냐하면 자신을 고통받는 사람의 입장에 두기는 하지만, 자신이 실제로 그 사람처럼 고통받는 건 아니라고 안도할 수 있기 때문이다. 반면에 부러움은 쓰디쓰다. 행복한 사람의 모습은 그를 행복한 사람의 입장이 되게 만들기는커녕 자신은 그런 처지에 있지 못하다는 상실감을 안겨주기 때문이다. 동정심은 남이 느끼는 불행에서 우리를

벗어나게 하고, 부러움은 남이 누리는 행복을 우리에게서 빼앗아가는 것 같다.(E, 504)

그러므로 젊은이에게 사람들이 누리는 행복의 거짓된 모습을 보여주어 그의 마음에 잘못된 감정이 싹트게 해서는 안된다. 루소는 인간은 모두 "벌거숭이 몸으로 가난하게 태어나 인생의 비참함, 슬픔, 불행, 결핍, 온갖 고통을 겪을 수밖에 없고 누구나 결국 죽게 마련이다"(E, 504)라고 말한다. 바로 이것이 인간의 참된 모습이며, 어떤 인간도 거기서 예외일 수 없다.

루소는 인간은 누구나 다 고통에 가슴 아파한다는 사실을 알아야 한다고 주장한다. 이 세상에 자기와 똑같은 존재가 있어서, 자기가 괴로워하는 것은 다른 사람들도 괴로워하고, 자기가 느끼는 고통은 다른 사람들도 느낀다는 것을 알아야 한다고 말한다. 그래야 타인의 고통을 헤아릴 줄 안다는 것이다.

같은 맥락에서 루소는 "인류를 존중하라"고 말한다. 모든 사람을, 심지어 인간을 경멸하는 사람들까지도 사랑하도록 가르치라고 한다.

요컨대 당신의 학생에게 모든 인간을, 심지어 인간을 깔보는 자들까지도 사랑하도록 가르쳐라. 그를 어느 계급에도 속하지 않으면서 동시에 모든 계급에 속할 수 있게 하라. 그의 앞에서 인류에 대해 말할 때는 연민과 동정심을 갖고 말해야 하며, 결코 경멸하는 어조로 말해서는 안 된다. 인간이여, 정말이지 인간을 욕되게 하지 말라.(E, 510)

루소는 이러한 교육의 연장선상에서 비로소 올바른 도덕교육을 실시해야 한다고 주장한다. 그의 주장은 '정의'나 '선량함'에 대한 주장과는 거리가 멀다. 인류에게 공통된 불행을 알게 하고, 사회가 어떻게 인간들을 타락시키고 왜곡하는지를 알게 하고, 인간들이 얼마나 가면을 쓰고 살아가는지를 알게 하라는 것이다. 선량한 사람은 잊히거나 웃음거리가 되기 십상이라는 것을 알게 하고, 역사에 기술된 사실들이 실제 그대로 정확히 묘사된 것이 아니라는 사실을 알게 하라는 것이다.

자신과 동류인 사람들에게 많은 관심을 갖고 그들의 행동과 취향과 쾌락을 검토하고 평가하는 작업을 통해 에밀은 비로소 이기심으로 환원되지 않는 이타심이 있다는 것을 알 수 있다고 말한다.

그가 자신의 개인적인 관념을 인류라는 추상적인 관념으로 일반화하고 또 자신의 개인적인 애정을 자신과 인류를 동일시할 수 있는 애정과 결부할 수 있으려면, 그의 본성을 무수히 많은 방법으로 계발하고 자신의 감정과 그가 타인에게서 관찰하는 감정에 대해 깊이 성찰할 수 있게 한 후에야 비로소 가능한 일일 것이다.(E, 520)

다른 사람들의 행복을 위해 마음을 쓰면 쓸수록, 에밀은 더욱 풍부한 식견을 갖게 되고 더욱 현명해질 것이며, 무엇이 선이고 무엇이 악인지에 대해 잘못 생각하는 일이 적어질 것이다. 루소는 이런 부단한 성찰과 일반화의 결실이 바로 도덕 교육이라고 말한다.

청년기의 교육 가운데 가장 중요한 교육은 '종교 교육'이다. 이 시기의 젊은이들은 사회도덕과 초월적 종교에 관한 감정을 조화롭게 교육받을 필요가 있다.《에밀》에서는 〈사부아 보좌 신부의 신앙 고백〉을 통해 종교 교육이 이루어진다. 그 종교는 만물의 조화와 양심의 소리에 바탕을 둔 자연 종교다. 선과 악의 문제, 양심의 문제, 진정한 신앙의 문제 등이 여기에서 다루어진다. 정직하고 정의로운 사람은 기존의 체계에서 종교적인 답이나 도덕적 답을 찾기보다 자기 안에 있는 양심의 소리에 귀를 기울이고, 어떻게 처신해야 하는지를 양심에 물어야 한다. 양심을 따르는 자는 자연의 뜻을 따르는 자이며, 행여 길을 잃지 않을까 두려워할 필요가 전혀 없다. 루소가 에밀에게 행한 종교 교육이 바로 이런 것이다. 그것은 신앙과 이성이 조화롭고 현명하게 공생할 수 있도록 해주는 것이다.

자유로운 사고방식을 가진 보좌 신부는 다음과 같이 말한다. "나는 모든 사람들이 똑같이 서로 사랑하고, 형제처럼 서로를 생각하며, 모든 종교를 존중하여 저마다 자기 종교를 믿으며 평화롭게 살도록 애쓸 것이네. 어떤 사람에게 어머니의 태 안에서부터 물려받아 믿게 된 종교를 버리라고 권하는 것은 나쁜 짓을 하라고 권하는 것과 같고, 결과적으로 권하는 사람 자신도 나쁜 짓을 하는 것이라 생각하네."(E, 629)

스무 살에 가까워진 에밀은 이제 어른의 세계로 들어간다. 그는 남자로서의 삶을 준비해야 한다. 결혼을 해야 할 때가 다가오고 있다. 그는 의식적으로 스승에게 자신의 배우자를 구하는 일을 맡긴다. 배우자를 구하는 이 일은 흥미롭고 힘들다는 점에서 중세 기사들이 성배를 찾아가는 일을 연상시키는데, 이 부분이 《에밀》의 또 다른 주제를 이룬다.

제5권

제5권은 20세부터 결혼하기까지의 성년기 교육론으로, 주로 에밀의 배필이 될 소피의 교육을 다룬다. 후반부에서는 에밀과 소피가 결혼에 이르는 과정이 소설의 형식을 빌려 전개된다.

루소는 남녀가 성적 차이를 제외하면 모든 면에서 동일하다고 말한다. "여성은 신체 기관, 욕구, 능력이 남성과 똑같다."(E, 692) 따라서 어느 성이 우월하다느니 평등하다느니 하는 논쟁들은 부질없다. 남녀의 차이는 서로 우열을 비교할 수 없는 절대적 차이다. 그런 면에서 "완전한 여성과 완전한 남성은 용모에서뿐만 아니라 정신적으로도 전혀 닮지 않았다."(E, 693)

남성과 여성은 무엇이 다른가? 우선 남성은 능동적이고 강하며, 여성은 수동적이고 약하다. 루소는 강한 남성은 독립적으로 살 수 있지만, 약한 여성은 남성에게 의존해야 하므로 여성은 남성에 도전하기보다는 남성 뜻에 맞는 존재가 되기 위해 노력하라고 주장한다. 그리고 이를 위해 여성이 갖는 매력을 충분히 활용하라고 조언한다. 인간으로서 남녀는 평등하지만 성격에서나 기질에서 큰 차이가 있다고 생각하는 것이다.

사정이 이러하니 남성과 여성은 동일한 교육을 받아서는 안 되고 당연히 다른 교육을 받아야 한다.

소피는 첫째, 전적으로 남편에게 헌신하는 부인이 되도록 교육받아야 한다. "여성의 의무는 남성에게 도움이 되고, 남성의 사랑과 존경을 받으며, 남성이 어릴 때 그를 키우고, 성인일 때 보살피며 충고와 위로를 아끼지 않으며, 그의 생활을 즐겁고 평화롭게 하는 것이다. 바로 이런 것들이 시대를

막론하고 여성이 해야 할 일이며, 여성들이 어릴 때부터 반드시 배워야 하는 것들이다."(E, 793)

둘째, 여성의 가장 중요한 자질은 '유순함'이므로 순종에 대한 교육을 어릴 때부터 시켜야 한다. 루소에 의하면 "여성은 일찍부터 남편의 옳지 않은 일을 용서하고, 불평 없이 남편의 잘못을 참아내는 법을 배워야 한다."(E, 710) 여성이 주체적 판단을 하거나 자율적으로 행동하는 것은 바람직하지 않다. 여성은 자신을 위해서나 자식들을 위해서나, 남성의 판단이나 주위의 평판으로 평가된다. 소피의 매력과 미덕은 그것 자체만으로는 충분하지 않다. 남편과 사람들에게서 그렇다고 인정을 받아야 한다.

셋째, 여성의 "고유한 본분은 아이를 낳는 일"(E, 698)이다. 보편적인 법칙에 의해 자연과 함께 풍속이 이러한 본분을 배려하고 있다. 소피는 출산과 양육에 헌신해야 한다. 그녀가 받아야 하는 교육은 양육과 가사를 위한 것에 한정되어야 한다. "여성이 해야 할 일을 좋아하게 만들고, 겸허함을 갖도록 하며, 살림살이에 관한 일을 살피고 가족을 돌보는 일을 소홀히 하지 않게 하라."(E, 715)

마지막으로 여성은 남편을 잘 인도하여 가장과 시민으로서의 책임을 깨닫게 해주어야 한다. 이를 위해 여성은 "남자들의 정신을 일깨우고", "자기 힘으로 할 수 없으면서도 자기에게 필요한" 일을 남성에게 시킬 수 있는 기술을 익혀야 한다.(E, 737) 여성은 재치와 아름다움이라는 자신의 강점을 활용하여 남성을 제어하고 조종할 수 있어야 한다. 하지만 이런 기술은 여성 자신의 쾌락을 위해서가 아니라 가정의 행복을 증진하기 위해 그리고 남편이 가장의 의무와 시민의 의무를 잘 이행하도록 안내하는 일에 쓰여야 한다.

루소는 여성이 지혜롭지 못하여 남성을 잘 다루지 못한다면 "여성은 남성의 동반자가 아닌 노예"로 전락하지만, "남성의 처지와 남성 고유의 장점들"을 잘 이용하여 행복한 가정과 국가를 만드는 데 기여하면 "남성과 동등한 지위를 유지하고 또 그에게 순종하면서도 그를 다스릴 수" 있다고 본다.(E, 712)

소피는 루소가 말한 교육 방법에 의해 양육된 여성이다. 그녀는 좋은 가문에서 좋은 천성을 갖고 태어났으며, 부모의 세심한 배려와 사랑을 받으며 자랐다. 그녀는 예민한 감성과 소박한 미모를 지녔다. 딸이 "성숙한 판단력을 지니고 모든 점에서 20세가 된 처녀답게 잘 컸다고" 생각되었을 때, 그녀의 아버지는 딸에게 다음과 같이 말한다.

소피야. 너도 이제 어엿한 처녀가 되었구나. 하지만 언제까지 처녀로 있을 순 없을 거야. 우리는 네가 행복하기를 바란다. 그것은 너뿐만 아니라 우리 자신을 위해서이기도 하다. 왜냐하면 너의 행복에 우리의 행복도 달려 있기 때문이란다. 정숙

한 여성의 행복이란 정직한 남자를 행복하게 해주는 것이지. 그러니 너도 결혼할 생각을 해야 한다. 일찍부터 그럴 필요가 있다. 왜냐하면 인생의 운명은 결혼에 달려 있고, 그것에 대해 아무리 많이 생각해도 결코 지나치다고 할 수 없기 때문이다.(E, 754)

에밀은 자신처럼 잘 양육된 소피를 만나고 둘은 사랑을 나눈다. 하지만 에밀의 교사는 훌륭한 남편과 가장이 되기 위해서는 먼저 공화국의 시민으로서의 자질을 갖추어야 한다며 그에게 유럽 여행을 권한다.

이제 자네에 대해 이야기해 보세. 자네는 남편과 아버지가 되기를 원하는데, 그 의무에 대해 진지하게 생각해 보았는가? 가장이 되는 것은 국가의 일원이 되는 것일세. 국가의 일원이 된다는 것이 무엇을 뜻하는지 자네는 아는가? 자네는 인간으로서 자네의 의무를 연구해왔네. 하지만 시민으로서 자네의 의무가 무엇인지 아는가? 정부와 법과 조국이라는 말의 의미를 아는가? 어떤 대가를 치러야 자네가 살아나갈 수 있고, 누구를 위해 목숨을 바쳐야 하는지 아는가? 자네는 모든 것을 배웠다고 생각하겠지만, 실은 아직 아무것도 모르는 것과 같네. 사회 질서 속에 한 자리를 잡기 전에 그것을 이해하고 어떤 위치가 자네에게 적합한지를 배워야 하네.(E, 823)

에밀은 2년 동안 유럽을 여행하며 실제 사회생활에 필요한 정치와 법률에 대한 지식을 얻고, 각국의 국민성과 풍속 등을 경험하고 관찰한다. 여행에서 돌아온 뒤 에밀은 소피와 결혼하고 자신의 가족이 살기에 적합한 나라를 선택한다.《에밀》은 에밀이 자신의 스승에게 아이의 탄생이 임박했다는 소식을 알리면서 끝난다. 에밀은 자신이 미래에 맡게 될 아버지 역할에 대해 가르쳐줄 것을 부탁한다. 그는 이제 스스로 교육의 담당자가 될 차례. 교육자로서의 에밀의 모습을 알기 위해 우리는 다시《에밀》의 제1권으로 돌아가야 한다.[89]

* * *

루소는《에밀》제1권에서 아동의 자연성을 온전하게 발달시키기 위한 교육의 세 가지 근원을 제시한다. 그것은 각각 자연, 인간, 사물이다. "우리가 가진 정신과 신체를 발달시키는 것은 자연의 교육이고, 이런 발달을 우리가 어떻게 이용할 것인지를 가르쳐주는 것이 인간의 교육이다. 그리고 우리에게 영향을 미치는 사물들에 대해 경험을 통해 습득하는 것이 사물의 교육이다."(E, 247)

루소는 이 세 교육이 적절한 조화를 이루어야 바람직한 인간이 된다고 말한다. 그러나 곧이어 이런 종합적인 교육의 실현은 정말 어렵다고 지적한다. 왜냐하면 자연인은 온전히 그 자신만을 위해 사는 데 비해 문명인은 공동체 전체를 위해 살아가므로 탈자연화해 있기 때문이다. 문명인은 "자신을 단일하고 독립적인 존재로 생각하지 않고 공동체의 일부분으로 생각하여, 전체 속에서만 자신을 의식하게 된다."(E, 251)

루소가《에밀》을 쓴 주된 목적은 자연 교육과 문명 교육 사이의 일종의 화해나 통일이라고 할 수 있다. 그렇게 된다면 인간 속의 모순은 제거될 수 있으며, 그리하여 인간의 행복을 가로막는 커다란 장애도 제거될 수 있다는 것이다. 그는 사람들이 "이 책을 읽고 난 후 이런 분야의 연구에서 어느 정도 진전을 보게 되리라 믿는다"라고 말한다.

루소는《에밀》에서 제시한 길을 그 스스로 항상 따르지는 않는다.[90] 루소가 권한 길이 인간을 저절로 행복으로 인도하지는 않는다. 행복으로 인도한다고 해도 그 행복에는 절대적 확신이나 결정적 안식이라는 것은 없다. 루소의 길은 좋은 사회성을 실천하는 것을 목적으로 한다. 그리 대단한 것은 아니지만 아마도 그것은 인간이 도달할 수 있는 전부일 것이다.

루소가 말한 것처럼, 인간은 자신들의 악의 본성 자체로부터 약remède을 추출한다. 그 결과 인간은 인간의 조건에 한층 더 순응하게 된다. 루소는《에밀》에서 다음과 같이 적었다. "인간을 사회적인 존재로 만드는 것은 인간의 나약함이다. 우리의 마음을 인간애로 이끄는 것은 우리들 공통의 비참함이다."(E, 503) 그리고 다음과 같이 덧붙였다. "그처럼 우리 자신의 나약함에서 비로소 우리의 덧없는 행복이 생겨난다."

1   Jean-Jacques Rousseau, *Œuvres complètes*, tome I(Paris, Gallimard, (Biblio-
    thèque de la Pléiade), 1959), p. 386. 루소의 작품은 플레야드판版에 의
    거하며, 앞으로는 제목, 권수와 쪽수만 표기한다.

2   *Rousseau juge de Jean-Jacques*, I, p. 934.《대화Dialogues》로 더 잘 알려
    져 있는《루소, 장자크를 심판하다Rousseau juge de Jean-Jacques》는
    1772년과 1774년 사이에 집필되었다.

3   *Lettre à Christophe de Beaumont*, IV, 937.《크리스토프 드 보몽에게 보
    내는 편지》(1763년 초)는《에밀》을 반박한 파리 대주교의 글에 대해
    루소가 재반박한 글이라 할 수 있다. 루소가 신학과 관련해 쓴 저작
    중 가장 길다.

4   문경자, 〈에밀의 수용과 번역에 관한 연구〉,《프랑스학 연구》(2011,
    55), 112쪽.《에밀》의 출간을 둘러싼 논란에 대해서는 이 논문의 내
    용을 요약했다.

5   루소의《에밀》이 후대에 끼친 영향에 대해서는 다음 책을 참조했다.
    Dictionnaire de Jean-Jacques Rousseau, Paris, Honoré Champion, 2001.

6   예수회, 포르루아얄 등의 종교 단체에서 운영하던 초중등 사립학교
    를 말한다.

7   *Émile*, IV, p. 739. 들어가는 말과 해제에서의《에밀》인용은 괄호 속

권 번호와 쪽수 기입으로 대신한다.

8   권터 루돌프 슈미트, 〈존 로크〉, 《교육학의 거장들》(정영근 외 옮김, 한 길사, 2004)을 참고하라.

9   Henri-Irénée Marrou, *Histoire de l'éducation dans l'Antiquité. I - Le monde grec*, Paris, Seuil, 1981, p. 325.

10 Ph. Ariès, *L'enfant et la vie familiale sous l'Ancien Régime*, Paris, Seuil, 1973, p. 191~193.

11 리오 담로시, 《루소(인간 불평등의 발견자)》, 이용철 옮김, 교양인, 2011, 480쪽.

12 루소의 《에밀》에는 "감각적이고 전복적이며, 자연에 대한 감정이나 사회계약보다 분명 더 혁명적인 발견이 있다. 그것은 다름 아닌 어린이 자체에 대한 발견이다. 물론 《에밀》 이전이나 이후에 어린이의 아름다움에 찬탄하는 텍스트들이 없었던 것은 아니다. 그렇지만 그 작가들은 때로는 완성되지 않은 육체의 매력을 찬양하고, 때로는 그 작은 존재 안에 들어 있는, 미래의 약속들을 말할 뿐이다."(미셸 투르니에, 《흡혈귀의 비상》, 이은주 옮김, 현대문학, 2002, 204~205쪽)

13 오인탁, 〈루소〉, 연세대학교 교육철학연구회 지음, 《위대한 교육사 상가들 4》, 교육과학사, 2000, 242쪽.

14 슈농소 부인을 말한다. 파리의 유명한 문학 살롱을 주관하고 청년 루소를 보호하던 중요 보호자인 뒤팽 부인Louise Marie Madeleine Dupin(1706~1799)의 며느리다. 루소는 1747년에 이 부인의 집에서 몇 달간 머문 적이 있었다. 루소는 《고백》 9권에서 다음과 같이 말한다. "나는 얼마 전부터 교육 체계에 대해 생각하고 있다. 슈농소 부인은 아들에 대한 남편의 교육을 고민한 끝에 내가 그 일을 맡아줄 것을 청했다. 나는 그런 일에 관심이 없었지만 우정이 갖는 힘 때문에 다른 어떤 일보다 그 일을 중요시하게 되었다. 그래서 방금 말한 모

든 주제들 가운데 유일하게 그 일만 끝을 맺을 수 있었다."(장자크 루소,《고백 2》, 박아르마 옮김, 책세상, 2015, 189쪽)《에밀》을 쓰게 된 계기와 슈농소 부인에 대한 추가 설명은《산에서 쓴 편지》에도 나와 있다. "사실 내가 이 책을 쓰게 된 것은 어느 어머니의 요청 때문이다. 매우 젊고 상냥한 그 어머니는 제 나름의 삶의 철학을 가졌고 인간의 심리를 잘 알고 있다. 출중한 외모에, 재능 또한 뛰어나다. 내가 펜을 든 이유는 그 어머니처럼 남다른 역량을 갖춘 사람들을 위해서이지, 내 책을 읽고도 이해하지 못하고 나에게 화를 내지도 못하면서 모욕감만 주는 부류의 사람들을 위해서가 아니다."(*Lettres écrites de la montagne*, III, p. 783)

15 독자가 읽는 이《에밀》은 서문과 1권만을 번역한 적은 분량이지만, 실제로는 총 5권 900여 쪽에 달하는 두꺼운 책이다.

16 1759년 5월, 루소는 파리의 살롱과 카페의 소란스러움을 멀리하고 잘 알려지지 않은 소도시 몽모랑시에 머물며《에밀》을 집필한다. 프랑스에서 가장 지위가 높은 귀족인 뤽상부르 공작과 그의 부인이 루소에게 실제적인 도움을 주었다. 루소는 그들의 시골 영지에 있던 숙소를 다음과 같이 기억한다. "나는 이 깊고 감미로운 고독 속에서 나무들과 물에 둘러싸여 온갖 새들이 지저귀는 소리를 듣고 오렌지 꽃향기를 맡으며《에밀》의 5권을 쉼 없는 황홀 속에서 써내려갔다."(《고백 2》, 책세상, 2015, 336쪽)

17 로크John Locke(1632~1704)의《교육론Some thoughts concerning education》을 말한다.

18 루소의 이 말은 이 책을 너무 쉽게 읽으려는 유혹을 경계하기 위한 것이다. 루소가 쓴 글에 나오는 '몽상'이라는 말은 현대의 평론가들이 이 말에 대해 갖는 경멸적인 성격을 띤 것이 아니다. 루소에게 '몽상'은 자신의 글을 대하는 습관적이고 세련된 방식이며, 그의 창

작 기술과도 연관된다. 《에밀》 제4권에서 루소는 독자들이 루소 자신이 살고 있다고 생각하는 "공상의 나라"와 독자들이 머물고 있는 "편견의 나라"를 비교·검토하고 있다.

19   루소의 유명한 이 문장의 원문은 다음과 같다. "Tout est bien sortant des mains de l'Auteur des choses, tout dégénère entre les mains de l'homme." 대부분의 한국어 번역본에서는 이 대목을 '선'과 '악'의 관념을 사용하여 "모든 것은 조물주의 손에서 나올 때는 선하지만 인간의 손에 들어오면서 타락한다"로 번역한다. 물론 이런 번역이 오역이라고까지 할 수는 없다. 서로 상반되거나 대립되는 내용을 즐겨 사용하는 루소의 표현 방법을 빌려 독자의 마음을 사로잡는 장점도 있다. 다만 원문에는 '악mal'이라는 말이 '선bon, bien'과 서로 맞대어 비교되고 있지 않다는 점을 염두하고 신중하게 원문을 살필 필요가 있다.

20   (저자 주) 최초의 교육이 가장 중요하다. 그리고 이 최초의 교육을 여성이 맡아야 한다는 것은 이론의 여지가 없다. 만약 자연의 창조자가 그 일을 남성이 맡기를 원했다면, 아이를 양육할 수 있도록 남성들에게 젖을 주었을 것이다. 그러므로 당신이 교육에 대해 논하고자 한다면 가능한 한 여성을 대상으로 하는 것이 좋다. 왜냐하면 여성은 남성보다 더 가까이에서 아이를 보살필 수 있을 뿐만 아니라 항상 아이들에게 더 많은 영향을 미치며, 교육의 성과도 여성 쪽이 잘 내기 때문이다. 남편을 잃은 여성들 가운데 대부분은 대체로 자식들의 뜻에 따라 처지가 결정되는데, 이때 자식들은 그녀가 택한 교육 방식이 좋았는지 나빴는지를 확실하게 느끼게 해준다. 법률은 평화를 목적으로 하지 덕성을 목적으로 하지 않기 때문에 언제나 재산에는 큰 주의를 기울이지만 사람에는 거의 주의를 기울이지 않는다. 따라서 법률은 어머니의 권한을 충분히 인정하지 않는다. 그럼에도 어머니의 지위는 아버지의 지위보다 명확하며, 어머니의 의

무가 한층 더 수행하기 어렵다. 가정의 질서를 잘 유지하기 위해서는 어머니의 배려가 더 중요하다. 일반적으로 어머니 쪽이 자식에 대한 애착이 강하다. 간혹 아버지에 대해 존경심을 갖지 않는 아이가 있다 하더라도 이는 경우에 따라서는 용서받을 수도 있다. 그러나 어떤 경우라도, 자식을 배 속에서 키워내고 젖을 먹이고 오랜 세월 동안 자신은 뒤로 하고 오직 자식을 돌보는 데만 전념한 어머니를 존경하지 않을 정도로 타락한 자식이 있다면, 그런 파렴치한 인간은 하늘을 바라볼 자격이 없는 괴물처럼, 서둘러 그 숨통을 끊는 것이 마땅할 것이다. 흔히 어머니들이 자식을 너무 애지중지 키운다고 말한다. 이 점에서는 아마도 어머니들이 잘못하는 것일 수 있다. 그렇지만 자식들을 비정상으로 만드는 당신들보다는 잘못이 적을 것이다. 어머니는 자식이 행복해지기를, 지금 당장 행복하기를 바란다. 이 점에서는 어머니의 생각이 옳다. 그러나 그 방법에 잘못이 있을 때는 그녀를 깨우쳐주어야 한다. 아버지의 야심, 탐욕, 횡포, 그릇된 예측, 무관심, 냉담은 어머니의 맹목적인 사랑보다 아이에게 백배는 더 해롭다. 이 시점에서 어머니라는 이름에 내가 부여하는 의미를 설명할 필요가 있다. 이는 뒤에서 다루겠다.

21 (저자 주) 이런 아이는 겉보기에 어른과 닮았으나, 말이나 말로 표현되는 관념이 없어 자신에게 도움이 필요하다는 것을 어른에게 알릴 수가 없을 것이다. 필요한 것을 드러낼 방법조차 갖고 있지 않은 것이다.

22 '자연과 습성(습관·습속)'이라는 주제는 초기부터 루소 철학의 중심 논제였다. 자연이 습성에 불과하다는 루소의 언급을 이해하기 위해서는 파스칼의 《팡세Pensées》가운데 다음 두 문장을 읽어 볼 필요가 있다. "우리들의 자연적인 원리들이란 습관화된 원리들이 아니고 무엇일까? 그리고 어린아이들의 경우에, 이들이 부모들의 습관으

로부터 물려받은 것들은 마치 동물의 세계에서 사냥하는 기술과 같은 것이 아니고 무엇일까? 습관이 달라지면 자연적인 원리들도 달라지게 될 것이다. 그것은 경험을 통해서 드러난다. 그리고 습관 가운데 지워질 수 없는 것들이 있다면, 본성과 제2의 습관 가운데에도 지워질 수 없는, 본성에 역행하는, 습관에 속하는 것들이 존재한다. 그것은 체질에 의해서 좌우된다."(블레즈 파스칼, 《팡세》, 김형길 옮김, 서울대출판부, 1999, 단편 158, 83쪽) "부모들은 아이들의 자연적인 사랑이 지워지지 않을까 두려워한다. 그렇다면 지워지기 쉬운 이 본성은 어떤 것일까? 습관은 제1의 본성을 파괴하는 제2의 본성이다. 그러나 본성이란 무엇인가? 어째서 습관은 자연적인 것이 아니란 말인가? 나는 습관이 제2의 본성인 것처럼, 이 본성 자체도 제1의 습관에 불과한 것이 아닐까 매우 걱정이 된다."(《팡세》, 단편 159)

23 프랑스어 'nature'는 사람의 힘이 더해지지 않은, 저절로 이루어진 그대로의 현상이나 천연으로 이루어진 지리적, 지질적 환경과 조건으로서의 '자연'을 뜻한다. 아울러 사람이 본디부터 가진 성질, 즉 '본성'이라는 의미도 있다.

24 여기서 시민은 '도시 국가의 주민', '공동체의 이익에 충실한 사람'을 말한다. 18세기 도시 공화국이었던 제네바에서 시민은 국가의 구성원으로서 주권 회의에 참여할 수 있는 계층을 가리켰다.

25 자연에 따르는 인간 교육과 사회 제도하에 사는 시민을 기르는 교육을 말한다. 동시에 두 유형의 사람을 만들 수는 없다는 의미다.

26 루소는 스파르타 시민들의 조국애를 찬양하면서 '세계시민주의자'라는 말을 부정적으로 사용하고 있다. 여기서 루소는 아무도 사랑하지 않으면서 마치 모두를 사랑하는 척하는 자들을 비난하는 것이다. 일반적으로 루소는 '세계시민주의자'라는 말을 인류의 벗, 세계 시민이라는 의미로 사용하고 있다. 루소가 처음으로 세계시민주

의에 대해 언급한 것은 《인간 불평등 기원론》에서였다. 그것은 국경을 초월하여 "인류 전체를 박애를 통해 끌어안으려는" "몇몇 위대한 세계시민적인 인간의 영혼들"에게 찬사를 보내기 위해서였다. 그 후에는 '세계시민cosmopolite'이라는 말이 같은 뜻으로 사용되지 않았다.

27 몽골족 가운데 한 부족部族. 또는 몽골족을 통틀어 이르는 말.

28 자연 상태의 인간을 말한다. 루소는 이런 유형의 인간을 '자연의 인간homme de la nature'이라고도 부른다.

29 루소는 사회인을 "우리의 제도와 편견이 바꾸어놓은 부자연스럽고 이상한 인간"이라고 부른다.(Rousseau juge de Jean-Jacques, I, p. 728)

30 여기서 'dénaturer'는 "변질시키다", "왜곡하다"라는 뜻이다. 이 부분은 "인간에게서 자연성을 제거하다", "인간을 탈脫자연화하다"로 번역할 수도 있다. 이 단어는 《인간 불평등 기원론》의 초반부에도 등장한다. "세월과 바다와 비바람으로 말미암아 너무나 흉해져 신이라기보다는 오히려 맹수처럼 변해버린 글라우코스의 석상처럼, 인간의 영혼은 사회 속에서 끊임없이 되풀이되는 수많은 원인에 의해, 숱한 지식과 오류의 획득에 의해, 그리고 신체의 조직에 생긴 여러 변화와 정념에 가해진 계속적인 충격으로 인해 애초의 모습이 변질되어 알아볼 수 없게 되었다."(《인간 불평등 기원론》, 책세상, 2018, 38쪽)

31 가이우스 아우렐리우스 발레리우스 디오클레티아누스Gaius Aurelius Valerius Diocletianus(244~311)를 말한다. 군인으로 시작해서 로마의 황제가 되었다. 284년부터 305년까지 재위했다.

32 루키우스 셉티미우스 세베루스Lucius Septimius Severus(145~211)를 말한다. 당시 로마제국의 아프리카 속주였던 오늘날 리비아의 알-쿰스인 렙티스 마그나에서 태어났다. 마르쿠스 아우렐리우스 황제

와 코모두스 황제 때 순조롭게 관직을 역임하였다. 코모두스 사후 찬탈로 황제가 된 페르티낙스가 죽은 후 193년에 황제를 자처한 5명 중에서 승리하여 황제가 되었다. 193년부터 211년까지 재위했다.

33 마르쿠스 아틸리우스 레굴루스Marcus Atilius Regulus(기원전 307~기원전 250)를 말한다. 기원전 3세기에 활동한 로마의 장군·정치가. 카르타고와 로마 사이에 일어난 제1차 포에니전쟁 때 로마 집정관이었다. 기원전 255년 아프리카에서 벌어진 전투에서 로마군은 패하고 레굴루스는 포로가 된다. 카르타고는 평화조약과 포로 교환 문제를 협상할 것과 협상에 실패하면 카르타고에 돌아올 것을 조건으로 그를 로마로 돌려보낸다. 레굴루스는 카르타고가 내놓은 제안을 거절하라고 로마 원로원에 권고했으며, 로마인들의 반대를 무릅쓰고 카르타고와의 약속을 지키기 위해 돌아가 처형당했다고 한다.

34 플루타르코스의 《모랄리아》의 〈스파르타인들의 어록〉에 나오는 일화를 소개하면 다음과 같다. "파이다레토스는 당시 국가에서 가장 큰 명예라고 여겨지던 왕의 근위대 300명에 뽑히지 못했다. 하지만 그는 즐겁게 웃으며 자리를 떴다. 스파르타의 최고 행정관들인 에포로스들은 그를 불러 돌아서게 하고, 왜 웃느냐고 물었다. 그러자 그는 우리나라에 저보다 나은 시민이 300명이나 있다는 것이 기쁘기 때문이라고 말했다."(플루타르코스, 《모랄리아》, 윤진 옮김, 한길사, 2021, 323쪽)

35 공공 교육이라는 말은 흔히 국가에 의해 설치·관리·통제되는 교육(특히 학교 교육)을 말한다. 그러나 이 말은 원래 국가와는 관계없는 말이다. 오늘날 영국의 'public school'과 유사한 성격을 지닌 이 명칭은 부유한 귀족이나 부르주아 계급이 특권층의 자제를 위해 자신의 저택에 설립한 '저택 학교'에 대립하는 개념으로, 빈곤한 귀족이

나 일반 서민 계층의 자제에게도 문호를 개방한 '공개 학교'를 의미
한다. 즉 루소 시대에 '공공 교육'이라는 말은, 국가와 관계없이 어
떤 공동체(종교 단체, 길드, 지역 공동체 등)에 의해 설립·유지되는, 대
중적·공개적·집단적·생활 지도적·기술적인 성격과 기능을 가진
교육의 호칭으로 알려졌다.

36 《정체政體》 또는 《국가》라는 제목으로 번역되는 이 책은 플라톤의
저작 가운데 가장 잘 알려진 책이다. 정치사상과 교육, 문화, 예술과
종교, 신화 등 다양한 주제를 포괄하고 있으며, 플라톤이 자신의 집
필 스타일인 '대화'의 형식으로 스승 소크라테스와 플라톤의 친형
들, 그 외 초청자들의 대화를 정리한 것이다.

37 플라톤의 《정체》가 '공공 교육'을 통해 어떻게 유덕한 시민을 만들
수 있는가의 문제를 주로 다룬다면, 루소의 《에밀》은 '사적 교육'(개
별 교육 또는 가정 교육)을 통해 어떻게 유덕한 시민을 만들 수 있는가
의 문제를 다루고 있다. '정치와 교육'에 대한 고대적 논의가 플라
톤의 《정체》라면, 이것에 관한 근대적 논의는 루소의 《에밀》이라고
할 수 있다.

38 기원전 7세기경에 활동한 고대 스파르타의 입법자. 스파르타의 국
가 제도와 생활 규범을 정한 인물이다. 실제 인물이 아니라는 설도
있다. 플루타르코스의 《리쿠르고스의 삶》이라는 문헌을 통해 후대
에 널리 알려졌다.

39 루소는 시민을 정의하기 위해 '조국patrie'이라는 개념을 이용한다.
공공 교육(또는 시민 교육)의 주요한 기능은 조국애를 불어넣는 것이
다. 시민은 애국자이거나 그렇지 않으면 아무것도 아니다. "조국에
대한 이와 같은 사랑은 그의 존재를 나타낸다. 그는 오직 조국만을
바라보며, 조국을 위해서만 산다. 그가 홀로 있을 때 그는 아무것도
아니다. 조국이 없어지면 그는 더 이상 존재하지 않는 것과 마찬가

지이며, 죽지 않더라도 그는 죽음보다 더 못한 상태에 있게 된다."
(*Considérations sur le gouvernement de Pologne*, III, p. 966) 이와 같은 이유로 국가는 청소년을 위한 시민 교육과 아울러 국가 제도와 전통적 관례, 풍습, 의식, 놀이, 축제, 구경거리를 발전시키지 않으면 안된다.

40　예수회, 포르루아얄 등의 종교 단체에서 운영하던 초·중등 사립학교를 말한다. 대혁명 이전의 구체제 프랑스에는 500개 이상의 콜레주에 7만 명 이상의 학생이 있었다고 한다. 그 가운데 '유럽의 교사'라 불리던 예수회에서 운영한 콜레주가 압도적인 규모를 자랑했다.

41　(저자 주) 몇몇 학교, 특히 제네바 아카데미와 파리 대학에는 내가 좋아하고 매우 존경하는 교수들이 있다. 나는 그들이 기존의 관습에 따르기를 강요받지 않는다면 젊은이들을 훌륭하게 가르칠 수 있으리라고 생각한다. 나는 그들 가운데 한 사람에게 그가 생각한 개혁안을 발표하도록 권하고 있다. 폐해를 고칠 대책이 없는 게 아니라는 것을 알게 되면, 결국 사람들도 그 폐해를 고치려 할 것이다.

42　키케로의 《투스쿨룸에서의 대화Tusculanarum Disputationum》 제5권 9장에 나오는 말. 루소는 몽테뉴의 《수상록》 제2권 2장에 실린 이 말을 라틴어 그대로 인용했다.

43　고대 로마의 철학자이자 저술가인 마르쿠스 테렌티우스 바로Marcus Terentius Varro(기원전 116~기원전 27)를 말한다. 로마 최초의 공공 도서관장으로 역사, 지리, 법학, 문학, 의학, 건축 등 여러 분야를 연구했다.

44　유럽에서는 루소가 《에밀》을 쓰기 이전부터 질병과 외부의 위험, 악마의 접근 등으로부터 보호한다는 명목으로 갓난아기를 배내옷maillot으로 동였다. 가늘고 긴 헝겊으로 아이가 팔다리와 몸을 움직이기 못할 정도로 싸맸는데, 체형 교정의 목적도 있었다고 한다.

우리나라에서 전통적으로 입혀온 배내옷과는 모양이나 성격이 많이 다르지만, 적절한 번역 용어를 찾기 힘들어 흔히 통용되는 '배내옷'이라는 표현을 취했다.

45   뷔퐁Georges-Louis Leclerc de Buffon(1707~1788), 《박물지Histoire naturelle, générale et particulière》, De l'Imprimerie royale, 1776, 4, p. 457.

46   그리스 신화에 나오는 테티스는 우라노스의 딸이며 펠레우스의 아내이고 아킬레우스의 어머니다. 바다를 관장하는 여신으로 어린 아들 아킬레우스를 불멸의 존재로 만들기 위해 그의 한쪽 발목을 붙들고 이승과 저승을 가르는 스틱스에 아기의 몸 전체를 거꾸로 담갔다고 한다.

47   (저자 주) 플루타르코스의 책을 읽어보면, 수많은 영광에 싸여 로마를 다스린 감찰관 카토는 자신의 아들이 요람에 있을 때부터 손수 키우고, 아내가 젖을 먹이고 아기를 운동시키거나 목욕을 시킬 때면 만사를 제쳐놓고 그 자리에 있을 정도로 정성을 다했다고 한다. 수에토니우스의 책에는, 세계를 정복하고 그 세계를 스스로 통치했던 아우구스투스는 손자들에게 글쓰기와 수영과 학문의 기초를 손수 가르치며 그들을 항상 자신 곁에 두었다고 한다. 이런 이야기를 들으면 사람들은 그 시절에 그런 하찮은 일에 흥미를 쏟는 소인배들이라며 조소를 금치 못한다. 아마도 이들은 너무 도량이 좁아 우리 시대의 위대한 사람들이 하는 위대한 사업에는 종사하지 못할 것이다.

48   이 구절에는 다섯 명의 자식을 보육원 문 앞에 내다 버린 루소 자신의 후회와 속죄의 감정이 나타나 있다. 루소는 《고백》에서 "장자크는 일생 동안 단 한 순간도 무정하고 냉혹한 인간, 매정한 아버지일 수 없었다"(《고백 2》, 책세상, 2015, 121쪽)라고 말했다. 그리고 지난날 자신이 저지른 과오가 남아 늘 그의 양심을 괴롭혔다고 고백했다. 루소는 "내 자식들에게 내렸던 결정은 내가 보기에 아무리 타당

한 것이라 해도 하루도 마음 편할 날이 없었다. 나는 교육론《에밀》을 계획하면서 내가 무슨 이유로도 벗어날 수 없는 의무를 저버렸다는 것을 느꼈다. 끝내는 후회가 극심해진 나머지《에밀》의 서두에서 나의 잘못을 거의 공개적으로 고백할 수밖에 없었다"(《고백 2》, 434쪽)라고 솔직히 말했다. 자신이 내다 버린 아이들에 대한 자책감은 루소에게 죄를 씻어야 한다는 강력한 동기가 된다. 메우고 싶지만 메울 수 없었던 삶의 공허감에서부터 루소의 글쓰기는 시작된다. 또한 글쓰기를 통해 고통을 드러내는 그의 행위는 다른 사람들이 동일한 과오를 저지르지 않게 하는 예방의 역할을 한다. 루소는《에밀》을 쓰는 목적 가운데 하나가 자신의 "이야기를 읽게 될 젊은이들이 같은 잘못으로 과오를 범하게 만들고 싶지 않아서였다"(《고백 2》, 121쪽)라고 말한다.

49 루소는 1731년 파리에 사는 젊은 귀족의 가정교사로 일해달라는 제안을 받아들여 처음으로 파리에 발을 들인다. 1740년부터 1741년까지는 리옹의 치안 유지관인 장 보노 드 마블리 집안에서 가정교사로 일한다. 루소는《고백》제6권에서 이때의 교육 방법을 회상하면서 "모든 것을 알아차리고도 아무것도 막지 못하고 아무것도 성공하지 못했다. 그리고 내가 한 모든 일들이야말로 해서는 안 될 짓이었다"(《고백 1》, 책세상, 2015, 369쪽)라고 후회한다. 어쨌든 이때의 경험은 그가 후에《에밀》을 집필하는 데 큰 도움이 되었을 것이다.

50 고대 그리스의 군인이자 작가인 크세노폰Xenophon(기원전 430?~기원전 354)을 말한다. 소크라테스의 제자이며 플라톤과는 동문수학한 사이다. 대표작으로는 페르시아 제국을 세운 키루스 대왕의 일생을 기록한《키로파에디아》와 페르시아 원정에서의 경험을 기록한《아나바시스》가 있다.

51 아프리카의 서부 끝 대서양 연안에 있는 나라.

52 스칸디나비아의 북부 지역. 아시아계 소수 민족인 라프족이 사는 노르웨이, 스웨덴, 핀란드 및 러시아의 일부를 포함한다.

53 핀란드 북부 라플란드주에 있는 도시. 길고 매우 추운 겨울을 동반하는 냉대 기후대에 속한 이 도시는 국경을 맞댄 스웨덴 쪽의 하파란다와 함께 쌍둥이 도시로 불린다.

54 북극해 연안의 툰드라 지대에 사는 종족.

55 아프리카 서부 기니만灣의 황금 해안 지역. 이곳에 유럽인이 내항來航한 것은 15세기 무렵부터이며, 17세기에 이르러 포르투갈·영국·프랑스 3국이 본격적인 노예무역 기지를 건설했다. 베냉은 프랑스식 발음이고 영어로는 베닌이 된다.

56 의술에 대한 루소의 불신은 만년의 작품인《고독한 산책자의 몽상》에서도 나타난다. "나는 본디 의술에 대해 크게 신뢰하지 않았다. 그래도 내가 존경하고 사랑한 의사들은 매우 신뢰해서 그들에게 전적인 권한을 주고 내 몸을 관리하도록 맡겼다. 그러나 나는 15년간의 경험으로 많은 대가를 치렀고 그를 통해 가르침을 얻었다. 이제 나는 오로지 자연의 법칙 아래로 다시 돌아와 그것으로 예전의 건강을 회복했다. 설령 의사들이 나에게 전혀 불만이 없다 해도 그들이 나를 원망하는 것은 극히 당연한 일일 것이다. 나야말로 그들의 기술이 헛된 것이고 그들의 치료가 무용하다는 것을 보여주는, 살아 있는 증거일 것이기 때문이다."(*Rêveries du promeneur solitaire*, I, p. 1065)

57 고대 그리스 신화에 나오는 영웅. 미르미돈족의 왕인 펠레우스와 바다의 여신 테티스의 아들. 호메로스의《일리아스》도입부는 아킬레우스의 분노로 시작된다. 전설에 따르면 테티스는 갓난아기였던 아킬레우스를 저승의 스틱스강에 담가 상처를 입지 않는 무적의 몸으로 만들었다고 한다. 그러나 그녀가 잡고 있었던 발목 부분은 강

물에 닿지 않았기 때문에, 발목 뒤 힘줄은 아킬레우스가 상처를 입을 수 있는 약점으로 남았다. 이 전설에서 치명적인 약점을 뜻하는 아킬레스건이라는 단어가 유래했다.

58 (저자 주) 여기서 나는 영국 신문에서 인용한 한 사례를 이야기하지 않을 수 없다. 우리의 주제와 관련해 곰곰이 되짚어 볼거리를 제공해주기 때문이다. "1647년에 태어난 패트리스 오닐이라는 사람은 1760년에 일곱 번째 결혼을 했다. 그는 찰스 2세 즉위 17년에 용기병에 입대해서 1740년 제대할 때까지 여러 부대에서 근무했다. 그는 윌리엄 3세와 말버러 공이 지휘한 모든 전투에 참전했다. 일반 맥주 이외의 술은 결코 입에 대지 않았고 항상 야채만 먹었으며, 가족에게 베푼 몇 번의 식사에서만 고기를 먹었다. 맡아서 해야 할 업무 때문에 어쩔 수 없는 경우를 제외하고는 늘 해가 뜨면 일어나고 해가 지면 잠이 들었다. 현재 113세인 그는 귀도 잘 들리고 건강도 좋으며 지팡이도 짚지 않고 걸어 다닌다. 고령에도 불구하고 그는 잠시도 빈둥거리지 않는다. 일요일마다 그는 자식들, 손자들, 증손자들과 함께 교회에 나간다."

59 쇠고기와 순무·당근·양파·파 등의 야채, 부케 가르니(타임, 파슬리, 셀러리, 월계수잎 등을 묶어 만든 것)를 물에 넣고 약한 불에서 장시간 고아 만든 프랑스의 스튜 요리.

60 소화관에 모이는 젖이나 죽 같은 림프로 암죽이라고도 하는데, 투명하고 끈적임이 있으며 무색이나 담황색을 띤다.

61 (저자 주) 여자들은 빵과 야채와 유제품을 먹는다. 개나 고양이의 암컷도 그런 것들을 먹는다. 늑대의 암컷조차도 풀을 뜯어 먹는다. 이처럼 그들의 젖을 만드는 것은 식물성 즙인 것이다. 오로지 육식으로만 영양을 취하는 동물이 있다면 그 젖도 조사해봐야겠지만, 그런 동물이 과연 있을지 나는 의심스럽다.

62 신맛을 묽게 하기 위해 사용하는 물질들.

63 (저자 주) 우리에게 양분이 되는 즙은 비록 액체로 되어 있지만 일정
한 형태나 덩어리로 이루어진 음식에서 추출된 것이어야 한다. 수프
만 먹고 노동을 하는 사람은 금방 지쳐버릴 것이다. 젖을 먹는다면
그는 훨씬 더 잘 버틸 수 있을 것이다. 젖은 응고가 되기 때문이다.

64 우유를 굳게 하는 단백질 가수 분해 효소의 하나. 유황을 함유하는
단순 단백질로, 반추 동물의 위액 속에 들어 있다. 치즈를 만들 때
카세인을 응고시키는 데에 쓴다.

65 서양요리에서 소스나 수프를 걸쭉하게 만들기 위해 밀가루를 버터
로 볶은 것.

66 (저자 주) 피타고라스 학파에서 주장하는 이러한 건강 관리법의 장
단점을 좀 더 상세히 살펴보고 싶은 사람은 코키Cocchi 박사와 그의
논적인 비앙키Bianchi 박사가 이 중요한 문제에 대해 쓴 논문을 참
조하면 좋을 것이다.

67 (저자 주) 도시에서는 아이들을 집안에 가둬놓고 옷을 겹겹이 입혀
숨이 막힐 정도다. 아이를 양육하는 사람들은 찬 공기가 아이에게
해를 끼치기는커녕 튼튼하게 하며, 오히려 더운 공기가 아이를 나
약하게 만들어 열병에 걸려 죽게 한다는 사실을 알아야 한다.

68 (저자 주) 나는 달리 표현할 적당한 말이 없어서 흔히 통용되는 '요
람berceau'이라는 단어를 썼다. 게다가 나는 아이를 흔들어 재우거
나 달랠 필요가 전혀 없으며 이런 관습이 여러모로 아이에게 해를
끼친다고 확신한다.

69 (저자 주) "고대 페루인들은 아이들에게 헐렁한 배내옷을 입혀 팔을
마음대로 움직이게 해주었다. 배내옷을 벗겨야 할 때는 땅에 아이
의 몸이 반쯤 들어갈 만한 구멍을 파고 헝겊을 깔아 거기에 아이를
넣어 몸을 자유롭게 해주었다. 이렇게 하면 아이는 팔을 자유롭게

놀릴 수 있을 뿐 아니라, 넘어지거나 다칠 염려 없이 마음대로 머리를 움직이고 몸을 구부릴 수 있다. 아이가 걸음마를 시작하면 어머니는 아이를 걷게 하기 위한 미끼로서 약간 떨어진 곳에서 젖을 보여준다. 흑인 아기들은 젖을 빨기 위해 종종 훨씬 더 힘든 상태에 놓이기도 한다. 그들은 무릎과 발로 어머니의 한쪽 허리를 끌어안고, 어머니가 팔로 받쳐주지 않아도 계속 그 상태에 있을 수 있어야 한다. 그들은 양손으로 어머니의 젖을 꼭 붙든 채, 어머니가 이리저리 움직여도 떨어지지 않고 아무렇지도 않은 듯 계속해서 젖을 빤다. 그러는 동안에도 어머니는 평상시와 같이 일을 한다. 이 아이들은 생후 2개월이 되면 걷기 시작한다. 좀 더 정확히 말해 무릎과 손으로 기기 시작한다고 할 수 있다. 이런 훈련 덕분에 나중에 아이들은 서서 뛸 때와 거의 같은 속도와 그와 같은 자세로 편히 뛸 수 있게 된다."(뷔퐁, 《박물지》, 4권, 192쪽) 뷔퐁 씨는 이런 예와 함께 배내옷을 입히는 비정상적이고 야만적인 풍습이 점차 사라져가고 있는 영국의 예를 추가해도 좋았을 것이다. 라 루베르의 《샴 여행기Voyage de Siam》와 르 보경의 《캐나다 여행기Voyage du Canada》 등도 참고하기 바란다. 이 문제를 사례를 통해 알아볼 필요가 있다면 나는 20쪽 분량을 인용으로 채울 수 있을 것이다.

70 음력으로 매달 7~8일경에 나타나는 달의 형태. 둥근 쪽이 아래로 향한다.

71 그리스 신화에서 아테나 여신에게 가장 자주 붙는 호칭. 아테나는 제우스와 티탄 신족 메티스 사이에서 난 딸로, 제우스가 임신한 메티스를 삼킨 바람에 무장한 모습으로 제우스의 머리에서 튀어나왔다고 한다.

72 트로이 전쟁에서 트로이군의 총사령관을 맡았던 헥토르가 테베의 공주 안드로마케와 결혼하여 낳은 아들. 호메로스의 《일리아스》

6권에서 아스티아낙스는 마지막 결전을 앞두고 안드로마케와 헥토르가 비장한 작별의 인사를 나눌 때 아무것도 모른 채 어머니 안드로마케의 품에 안겨 있다가 아버지 헥토르의 투구에 새겨진 말총 장식에 겁을 먹고 숨어버리는 아이로 묘사된다.

73 (저자 주) 후각은 어린아이의 모든 감각 중에서 가장 나중에 발달하는 감각이다. 두 살 혹은 세 살까지 아이들은 좋은 냄새든 나쁜 냄새든 느끼지 못하는 것 같다. 이 점에서 아이들은 여러 동물처럼 냄새에 관심이 없거나, 어쩌면 아무 감각이 없다고 할 수 있겠다.

74 네덜란드의 의사이자 의학 교수였던 헤르만 부르하베Hermann Boerhaave(1668~1738)를 말한다. 서술적 해부학의 창시자이며, 최초의 임상 교육자다. 환자를 통해서 의학도를 교육하는 현대적인 의학 교육 체계의 기초를 다진 사람으로 평가된다.

75 프랑스의 개혁주의 사상가이기도 한 생피에르 신부(Charles-Irénée Castel, abbé de Saint-Pierre, 1658~1743)를 일컫는다. 평화 유지를 위한 국제기구의 설립을 제안한 최초의 인물로 손꼽힌다. 《영구 평화론》 등을 저술했다.

76 루소는 《인간 불평등 기원론》에서 홉스의 이론을 비판한다. 《인간 불평등 기원론》(책세상, 2018, 87~88쪽)을 참고하라. "홉스는 자연법에 관한 근대의 모든 정의에 담긴 결함을 대단히 잘 파악하고 있었다. 그러나 그가 자신의 정의에서 도출해낸 결과는 그 자신도 그것을 잘못 해석하고 있다는 것을 보여주고 있을 뿐이다. 그는 자기가 정한 원리들에 대해 추론할 때, 자연 상태란 우리의 자기 보존을 위한 노력이 타인의 보존에 가장 해를 끼치지 않는 상태이므로 이와 같은 상태는 결과적으로 평화롭게 살아가는 데 가장 적합하며 인류에게 가장 바람직한 것이라고 말했어야만 했다. 그런데 그는 미개인의 자기 보존을 위한 노력 속에, 그 자체가 사회의 산물이며 법률

제정을 필요하게 만든 수많은 정념을 만족시키고 싶다는 욕구를 까닭 없이 넣었기 때문에 오히려 그 반대가 되는 말을 하고 있다. 그는 악인이란 건장한 아이라고 말한다. 그러나 미개인이 건장한 아이인지 여부는 아직 알 수 없다. 또 설사 그렇다 하더라도 그가 거기서 어떤 결론을 내릴 수 있겠는가?"

77 루소는《에밀》4권에 수록한〈사부아 보좌 신부의 신앙 고백〉(본 번역서에는 이 부분이 포함되어 있지 않다)에서 선과 악의 문제, 양심의 문제 등을 다루고 있다. "인간의 영혼 밑바닥에는 정의와 미덕에 관한 천부의 원리가 있어, 우리는 자신의 준칙과는 상관없이 그에 따라 자신과 타인의 행동을 보고 좋고 나쁜지를 판단한다. 내가 양심이라고 이름 붙인 것이 바로 이러한 원리다." "인간은 선에 대해 천부적인 지식이 없다. 그러나 이성이 그에게 선을 가르치는 즉시 양심은 그가 선을 사랑하도록 한다. 이 감정이야말로 천부적인 것이다." 루소에게 양심은 "무지하고 한정적이지만 지성을 지닌 것이며, 자유로운 인간이란 존재의 확실한 안내자, 선과 악에 대해 오판을 범하지 않는 심판자"다.(E, 598~600)

78 홉스의 성악설을 염두해 지적한 것이라 할 수 있다. 인간은 천성적으로 악해서 사회적 질서가 확립되기 전까지는 상호 간에 항구적인 전쟁 상태에 놓여 있다는 홉스의 성악설에 루소는 정면으로 반대한다. 루소가 생각하는 자연 상태의 인간은 선악 개념, 미덕과 악덕의 개념 이전에 있기 때문에 악하지 않으며, 악해야 할 이유도 없다.

79 상아야자 열매의 배젖을 말린 것. 상아와 모양이 비슷하며, 단추나 장식품 따위를 만드는 데 쓰인다.

80 고기, 생선, 채소, 곡식 따위의 여러 재료를 삶은 국을 사용해 조리한 수프의 총칭. 일반적으로는 맑은 수프인 콩소메에 대응해 농도 짙은, 걸쭉하고 불투명한 수프를 말한다.

81 아이가 어른들이 자주 사용하는 "Vas-y"라는 표현에 들어 있는 모음 충돌hiatus 방지 규칙을 제대로 이해하지 못해 엉뚱한 표현을 만들어낸 것을 지적한 내용이다. "Vas-y"라는 표현에는 aller('가다'의 뜻) 동사의 2인칭 단수 명령형 'va'와 장소를 나타내는 부사 'y'가 들어 있는데, 명령형 다음에 y가 오면 두 단어 사이에서의 모음 충돌을 피하기 위해 s를 덧붙여야 한다. 루소는 이 사례를 통해 아이가 어법에 위배되는 실수를 한다고 해서 그것을 일일이 고치려 드는 것은 참기 어려운 과도한 태도라고 비판하고 있다.

82 (저자 주) 물론 예외가 없는 것은 아니다. 처음에는 무슨 말을 하는지 알아들을 수 없을 정도로 작게 말하던 아이가 목소리를 높이기 시작하면 시끄러울 정도로 떠들어대는 경우가 종종 있다. 그러나 그런 세세한 것까지 파고들자면 한이 없을 것이다. 양식 있는 독자라면 지나침과 모자람이 같은 잘못에서 생겨난 것이므로 양쪽 다 내가 말한 방법으로 교정된다는 것을 알게 될 것이다. 나는 '항상 충분하게'와 '결코 지나치지 않게'라는 두 격언은 서로 분리될 수 없다고 생각한다. 전자가 제대로 이루어지면 후자는 반드시 따라오기 때문이다.

83 16~17세기의 상류 사회 부인들이 손님을 접견하고 사교·문학의 살롱이 되었던 공간을 말한다.

84 vivit, et est vitae nescius ipse suae. (il vit et n'a pas conscience de sa propre vie.) 오비디우스의 《비가Tristia》 제1권 3장에 실린 구절이다. 몽테뉴도 《수상록》 제2권 3장('훈련에 대하여')에서 같은 말을 인용했다. 《나이 듦과 죽음에 대하여》(책세상, 2016, 170쪽)를 참고하라.

85 김수동, 《루소의 자연주의 교육 사상》, 문음사, 1997, 96쪽.

86 루소는 자신이 지도하는 학생에 대해 다음과 같이 말하고 있다. "그래서 나는 가상의 제자를 한 명 만들었다. 또 내가 그를 교육하는 데 적합한 나이, 건강 상태, 지식수준을 비롯한 모든 재능을 가졌다고

가정했다. 그리고 그가 태어났을 때부터 한 사람의 성인이 되어 자신 외에 다른 안내자가 필요하지 않을 때까지 그를 교육해보기로 했다.(E, 264)《에밀》에 등장하는 교사는 자신의 '가상의 제자'에 대해 절대적인 권한을 가지며, 태어나면서부터 결혼할 때까지 그를 지도할 것이다. 제자인 에밀은 부유하고 건강 상태가 양호한 좋은 가문 출신의 고아지만, 보통의 지능을 지닌 어린아이다. 이러한 조건은 순전히 교육의 편의를 위해 설정한 것이다.

87 루소의 《에밀》은 소설처럼 재미있게 읽히면서도 엄청난 사색이 필요한 다소 무거운 이론서이기도 하다. 여기에는 학문과 예술, 문명과 사회, 인간 사이의 불평등, 정치와 교육, 종교의 제도와 조직 등에 관한 사유가 있다. 이 책은 교육 에세이이자 교육 철학서이며, 동시에 실용적인 교육 개론서이기도 하다. 또한 대화, 소설, 고백 그리고 평론에 이르기까지 다양한 문학 형식이 섞여 있는 책이기도 하다.

88 "루소는 모유 수유가 아이에게 영양을 공급하는 자연스러운 방법이며 엄마와 아이의 유대감을 키워 준다고 생각했어요. 여성과 그역할에 대한 루소의 견해는 눈여겨볼 만해요. 한편으로는 여성을 어머니로 이상화하여 자녀 교육에서 중요한 역할을 한다고 생각했죠. 이를 통해 애착과 애국심을 기르고 이로부터 훌륭한 사회가 탄생한다고 믿었어요. 이와 동시에, 여성이 자녀를 교육하려면 너무합리적이거나 공적 임무에 열중하면 안 된다고 생각했어요. 그래서한편으로는 여성을 찬양하면서도 다른 한편으로는 여성을 속박했죠. 루소보다 후대의 인물인 위대한 여성주의 사상가 메리 울스턴크래프트는 이런 이유로 루소를 신랄하게 비난했어요."(데이비드 에드먼즈·나이젤 워버턴, 〈루소가 말하는 현대 사회에 관해: 멀리사 레인에게 듣다〉, 《철학 한입 더》, 노승영 옮김, 열린책들, 2014, 175쪽)

89 《루소의 정치철학》의 저자는 《에밀》의 구성과 내용을 정리하면서

루소가《에밀》의 끝부분에서 특히 인류의 '황금시대에 대한 사랑'을 우리에게 일깨우려고 하고 있다고 말한다.(김용민 지음, 인간사랑, 2004, 257쪽)

90　루소가 옹호한 '제3의 길'에 대해서는 츠베탕 토도로프의《덧없는 행복: 루소 사상의 현대성에 관한 시론》(고봉만 옮김, 문학과지성사, 2006) 제4장을 참조했다.

루소의 《에밀》은 단순히 교육학자의 연구 대상에 그쳐서는 안 되며, 인간 본성에 관심을 갖는 모든 분야의 사람들이 읽고 연구해야 할 고전이다. 루소 자신도 교육 현장에서 맞닥뜨릴 수 있는 다양한 경험적 상황을 배제하고 인간 교육의 일반 원리들을 찾기 위해 이 책을 썼다고 말하고 있다.

《에밀》은 육아와 교육을 고민하는 부모들을 위한 교육 에세이이자, 올바른 교육을 모색하는 교육자를 위한 철학서이며, 문학가를 위한 훌륭한 성장 소설이다. 이 책에는 학문과 예술, 문명과 사회, 인간 사이의 불평등, 정치와 교육, 종교의 제도나 조직 등 루소가 이전에 쓴 글에서 다룬 거의 모든 주제가 담겨 있다. 이 책은 다양하고 풍부한 특성으로 인해 소설처럼 재미있게 읽히면서도 엄청난 사색이 필요한 무거운 이론서라는 다소 이질적인 평가를 받는다. 이 책의 이해를 돕는 차원에서 함께 읽으면 좋은 책 몇 권을 소개하면 다음과 같다.

장자크 루소, 《에밀 또는 교육론》, 이용철·문경자 옮김(한길사, 2007)
국내에 소개된 《에밀》 완역본 가운데 가장 먼저 추천할 만하다. 루소의 원전을 다수 번역하고 루소에 관한 글을 꾸준히 발표해온 저자들의 저력이 엿보인다. '현대 교육의 성서'로 불리는 《에밀》의 혁명적 성격을 강조하고, 타락한 사회 질서에 맞서 자연에 따라 자유롭게 사는 새로운 인간의 형성을 역설한 루소의 통찰을 체계적으로 설명하고 있다.

장자크 루소,《고백》, 박아르마 옮김(책세상, 2015)
루소는 "일찍이 전례가 없고 어떤 모방자도 결코 실행하지 못할 것"이라고 스스로 단정한 이 책에서 고독과 자연에 대한 사랑이 자신의 본성이고 자기는 오로지 자연 그대로 살기를 원했다고 강조한다. 그리하고 자신의 괴벽성은 '자연의 질서 속에 살려고 한' 인간과 '사회의 허위 및 해독으로 말미암아 변조된' 인간의 차이에서 온 것이라고 스스로 진단한다.《고백》제10권~12권에는《에밀》의 집필과 출간, 그 반향 등에 대해 상세하게 진술되어 있다.

장자크 루소,《보몽에게 보내는 편지·도덕에 관한 편지·프랑키에르에게 보내는 편지》, 김중현 옮김(책세상, 2014)
이 책에 수록된 세 편의 글 중《보몽에게 보내는 편지》는 잘 알려져 있다시피《에밀》에 대한 파리 대주교 크리스토프 드 보몽의 반박문에 대해 재반박하는 글이다.《도덕에 관한 편지》또한《에밀》에서 다룬 바 있는 미덕과 행복에 관해 논하고 있다. 이 책의 해설에서는 이 글들이 어떤 배경에서 집필되었고 어떤 내용을 담고 있는지, 그리고 그것들이 각각 어떤 의미를 지니고 있는지에 대해 자세히 다루고 있다.

장자크 루소,《사회계약론 외》, 박호성 옮김(책세상, 2015)
루소는《에밀》의 제4권에서 언급한 정치학에 관한 내용들을《사회계약론》에서 더 확장하여 설명한다. 이 책은 그런 의미에서《에밀》의 '증보'라고 불리기까지 한다. 1762년에 출간된 이 책의 제1부 제1장은 다음의 유명한 구절로 시작된다. "사람은 자유로운 존재로 태어나지만, 어디에서나 쇠사슬에 얽매여 있다. 자신이 다른 사람들의 주인이라고 믿는 사람은 그들보다 더한 노예다."

장자크 루소, 《언어 기원에 관한 시론》, 주경복·고봉만 옮김(책세상, 2019)
"자연으로 돌아가라"는 루소의 신념은 언어의 기원을 생각하는 맥락에도 그대로 적용된다. 이 책에서 루소는 최초의 인류가 걸어왔을 삶의 과정을 진술하게 재구성해보면서, 특히 자연 상태에서 사람들이 어떻게 서로 언어로 소통했는지를 뛰어난 직관력과 해박한 지식을 동원하며 체계적으로 추론하고 있다.

리오 담로시, 《루소: 인간 불평등의 발견자》, 이용철 옮김(교양인, 2011)
루소의 생애와 사상에 대한 국내의 입문서 가운데 가장 먼저 추천할 만하다. 우리는 이 책에서 루소의 사회사상, 종교론, 교육론 등에 대한 방대한 정보를 얻을 수 있을 뿐만 아니라 자신에게 충실한 삶을 살고자 했던 인간 루소를 만나게 된다. 옮긴이가 엮고 해설을 덧붙인 《루소의 고백록》(나남, 2014)도 함께 숙독하기를 바란다.

츠베탕 토도로프, 《덧없는 행복: 루소 사상의 현대성에 관한 시론》, 고봉만 옮김(문학과지성사, 2006)
루소의 사상 전반을 일목요연하게 살펴볼 수 있는 명쾌한 해설서다. 저자는 루소의 저작에 대한 '실용적' 독해라고 할 수 있는 이 책에서 루소의 체계를 해석하고 재구축하여 지금 우리가 당면한 문제들에 루소가 어떤 해답을 줄 수 있는지를 고찰하고 있다. 루소의 《에밀》을 우리말로 옮기고 내용을 풀이하면서 이 책을 끊임없이 참고했다.

로버트 워클러, 《루소》, 이종인 옮김(시공사, 2001)

영국 맨체스터대학교 행정학과의 정치사상사 담당 교수인 저자는 이 책을 통해 루소의 정치이론, 교육론, 종교론 등을 간명하게 살펴보면서, 루소의 사상이 포스트모더니즘의 도래를 예고하였다고 말한다. 특히 1장 〈당대의 통설을 뒤엎은 악명 높은 계몽주의자〉와 5장 〈기독교, 근대 세계의 가장 난폭한 전체주의〉를 참고하기 바란다.

윌리암 보이드, 《루소의 교육이론》, 김안중·박주병 옮김(교육과학사, 2013)

이 책은 스코틀랜드 글래스고 대학교에서 오랫동안 교육학을 연구하고 가르친 저자의 박사학위 논문이다. 《에밀》의 집필에서 출판, 교육 사상의 역사에 끼친 루소의 공헌 등을 묵직하게 성찰하고 있다. 저자는 《에밀》의 교육사적 의미를 다음과 같이 평가한다. "《에밀》은 18세기의 교육적 저작 중에서 비길 만한 것이 없을 정도로 중요하며, 그것이 교육의 이론과 실제에 끼친 영향으로 판단한다면 인류 역사 전체를 통틀어 가장 중요한 교육적 저작이라고 말해도 좋을 것이다."

장 스타로뱅스키, 《장자크 루소 투명성과 장애물》, 이충훈 옮김(아카넷, 2012)

저자는 18세기 프랑스 문학과 지성사의 대가이자, 장자크 루소의 가장 권위 있는 전문가 중 한 사람이다. 그는 루소의 작품 '일부'를 연구 대상으로 삼는 방법을 거부하고, 루소가 남긴 '모든' 작품을 발굴해 서로 비교한다. 전혀 새로운 관점에서 루소를 조망하고 해석했다는 평가를 받으며, 이 책은 지금까지 루소 연구의 필독서로 꼽히고 있다.

프랭크 터너, 《예일대 지성사 강의》, 서상복 옮김(책세상, 2016)

18세기와 19세기의 유럽 사상사들이 다양하게 펼쳐낸 관념과 사상이 당대 사회를 어떻게 변화시키고 20세기를 지나 현재에 이르러 현대인의 생활 방식에 어떤 영향을 미쳤는지 추적한 책이다. 제1강 〈루소, 근대성에 도전하다〉와 제4강 〈주체성, 새로운 시대의 전환점이 되다〉는 루소 이해를 위한 좋은 길잡이 역할을 해줄 것이다.

김용민, 《루소의 정치철학》(인간사랑, 2004)

이 책은 루소의 정치사상에 대한 본격적인 연구가 생각보다 적은 한국의 현실을 고려할 때, 해당 분야의 연구를 위한 준거점이라 할 수 있다. 저자는 루소의 철학 체계를 개관하고, 인간 본성의 진화, 자유의 의미, 일반 의지와 애국심의 관계 등 구체적인 정치사상의 내용을 살펴본다. 제7장 〈에밀: 자연, 자유 그리고 교육〉과 제10장 〈로빈슨 크루소, 에밀, 루소에 나타난 근대적 개체성〉을 꼭 읽어보길 바란다.

김상섭, 《현대인의 교사 루소: 루소는 에밀을 어떻게 가르쳤는가》(학지사, 2009)

이 책은 자연인 루소와 사상가 루소, 교육자 루소를 따로 떼어 검토한 다음, 그들 간의 대화라는 방식을 통해 루소 사상의 현재적 의미를 톺아보고 있다. 마지막 장에서는 교육의 통합적 이해, 현대의 창의성 교육 논의에 참여하고 기여하는 루소의 모습을 그려냈다.

황성원

이화여자대학교 사범대학 불어교육과를 졸업하고 프랑스 루앙 대학교에서 교육학 박사학위를 받았다. 현재 건양대학교 아동교육학과 교수로 재직하고 있다. 루소의 교육철학에 영향을 받은 셀레스탱 프레네와 로제 쿠지네의 교육이론과 교육실천에 깊은 관심을 갖고 있으며, 프랑스의 육아와 교육에 관한 최신 이론을 활발하게 소개하고 있다. 저서로는《표현, 소통, 협력의 교육, 프레네 교육학》이 있고, 주요 논문으로는〈인성교육을 실천하는 루소의 자연주의 교육론과 그 현재성〉,〈개방형 공립학교 모델: 프랑스의 프레네 학교〉,〈ADDIE 모형을 활용한 프레네 교육기반 영유아교수방법과 활동자료 개발〉,〈프레네(Freinet) 자유글쓰기 활용에 나타난 심리와 교사상 분석〉,〈저출산 극복을 위한 프랑스의 유아교육·보육정책 연구〉,〈프랑스의 크레쉬(Crèche) 중심 육아지원 체제〉등이 있다.

고봉만

성균관대학교 불어불문학과를 졸업하고 프랑스 마르크 블로크 대학교(스트라스부르 2대학)에서 불문학 박사학위를 받았다. 현재 충북대학교 프랑스언어문화학과 교수로 재직하고 있다. 몽테뉴, 루소, 레비스트로스의 사상을 새롭게 조명하고 성찰하는 한편 프랑스 소설과 에세이를 번역, 소개하는 일에 몰두하고 있다. 옮긴 책으로는《인간 불평등 기원론》,《법의 정신》,《방드르디, 야생의 삶》,《마르탱 게르의 귀향》,《식인종에 대하여 외》,《크루아상 사러 가는 아침》등이 있다.

에밀

초판 1쇄 발행 2021년 12월 3일
초판 4쇄 발행 2023년 12월 22일

지은이 장자크 루소
옮긴이 황성원·고봉만

펴낸이 김준성
펴낸곳 책세상
등록 1975년 5월 21일 제2017-000226호
주소 서울시 마포구 동교로23길 27, 3층 (03992)
전화 02-704-1251
팩스 02-719-1258
이메일 editor@chaeksesang.com
광고·제휴 문의 creator@chaeksesang.com
홈페이지 chaeksesang.com
페이스북 /chaeksesang   트위터 @chaeksesang
인스타그램 @chaeksesang   네이버포스트 bkworldpub

ISBN 979-11-5931-802-3 04080
       979-11-5931-221-2 (세트)

책세상문고 · 고전의 세계

책세상문고·고전의 세계